NAD

Edição de estudos 2

Nosso Andar Diário

PUBLICAÇÕES RBC

ESCRITORES:
Poh Fang Chia, Winn Collier, Tom Felten, Regina Franklin, Kevin Gregory, Tim Gustafson, Alyson Kieda, Dean Ohlman, Jeff Olson, Roxanne Robbins, Jennifer Benson Schuldt, K. T. Sim, Sheridan Voysey, Marvin Williams, Mike Wittmer

TRADUTORES:
Elisa T. Castro, Eduardo Cordeiro, Dayse M. V. Fontoura,
Elizabeth Hecke, Haroldo Janzen

EDITORES:
Tom Felten, Clair Hess, Cindy Kasper, Alyson Kieda, Rita Rosário

REVISORES EDITORIAIS:
Bill Crowder, Kevin Gregory, K. T. Sim

PROJETO GRÁFICO:
Audrey Novac Ribeiro

DIAGRAMAÇÃO:
Priscila Santos

FOTO DA CAPA:
Pedalando no deserto, Alex Soh © Ministérios RBC

CRÉDITOS:
Exceto se indicado o contrário, as citações bíblicas são extraídas daNova Tradução na Linguagem de Hoje © 2000 Sociedade Bíblica do Brasil.

Publicações RBC
Rua Nicarágua, 2128, Bacacheri, 82515-260, Curitiba/PR, Brasil
E-mail: vendas_brasil@rbc.org
Internet: www.publicacoesrbc.com.br • www.ministeriosrbc.org
Telefone: (41) 3257-4028

Código: JL707
ISBN: 978-1-60485-953-9

Impresso no Brasil • Printed in Brazil

1ª edição: 2014 • 1ª impressão: 2014

As reuniões de grandes e pequenos grupos ocorrem desde os tempos do ministério de Jesus há mais de dois mil anos — legado que deixou à Sua Igreja para disseminação do evangelho. Por conta disso, as celebrações públicas continuam presentes desde os primórdios da história da igreja e complementam a participação dos cristãos no Corpo de Cristo. Séculos se passaram antes que a igreja adotasse novamente o formato de grupos pequenos em sua dinâmica.

Tendo a Bíblia como base e, a comunhão como um dos seus objetivos, os encontros acontecem de maneira informal, mas comprometida. Os participantes discutem assuntos espirituais e experiências do cotidiano como se estivessem sentados com familiares à mesa compartilhando uma deliciosa refeição.

Considerando esta comparação, apresentamos o devocional NAD — *Nosso Andar Diário* — no formato de quatro volumes, como opção de um "cardápio" farto e bíblico para esses momentos de comunhão. O prato principal que pode ser saboreado com este fascículo são os relacionamentos com Deus e com o próximo.

—Os editores do *Nosso Andar Diário*

Dicas de como aproveitar melhor este conteúdo em grupos pequenos ou grupos de estudos.

Este devocional vai acompanhá-lo numa jornada diária de três meses, utilizando-se de duas grandes ferramentas: a oração e a Bíblia Sagrada. Contém três seções que podem ser trabalhados da seguinte maneira:

LEIA: Comece pela leitura bíblica indicada, ela embasa a meditação do dia.

EXAMINE: Utilize esta sessão para sua reflexão pessoal e em grupo.

CONSIDERE: Utilize as perguntas para provocar debates entre o grupo.

Esta proposta é simples e pode ser adaptada ao roteiro que é seguido nas reuniões de grupos pequenos ou grupos de estudos.

Como são meditações diárias, o devocional para discussão em grupo deve ser o referente a data do encontro, assim todos os integrantes estarão sintonizados no mesmo assunto. No entanto, sugerimos que o grupo separe um momento para os participantes compartilharem sobre outra meditação que tocou ao seu coração durante a semana relatando uma aplicação pessoal.

Ao término dos estudos deste fascículo com o seu grupo, por favor, envie-nos o seu depoimento e sugestões via *email* brasil@rbc.org, para podermos melhorar a estrutura dessa ferramenta.

perdidos

Agarrei-me com firmeza em meu marido enquanto ele se apressava para pegar um táxi. A noite havia caído, e a cidade pulsava com um constante fluxo de carros, motos e pessoas. Ao virarmos uma esquina, eu a vi dormindo em frente a uma loja. A luz da porta iluminava seu rosto jovem, e seu fino cobertor não conseguia cobrir suas meias sujas e chinelos de dedo. Eu tinha viajado milhares de quilômetros até São Paulo para falar às mulheres sobre o valor que Deus dá a elas e sobre Seu amor fortalecedor. Mesmo assim, eu me senti impotente para ajudar a pessoa que estava deitada à minha frente.

O livro de Mateus 9:36-38 registra o pulsar do coração de Cristo enquanto olhava com compaixão as multidões que vinham a Ele. Tocado por sua grande necessidade, Jesus usou a situação para ensinar os Seus discípulos. Curiosamente, Ele não os ensina a orar por oportunidades para estender a mão. O Mestre sabia que os pobres estariam sempre com eles (Marcos 14:7). A necessidade não é de oportunidades, mas sim de trabalhadores.

Talvez achemos mais fácil orar pelas oportunidades, ao invés de entendermos que cada dia — cada momento — nos traz encontros divinamente marcados. Como aqueles que carregam a vida de Cristo em si, somos nós que carregamos a unção restauradora da qual fala Isaías. Mas não podemos carregá-la sozinhos.

Cada um de nós é um "...reparador de brechas e restaurador de veredas..." (Isaías 58:12 ARA) quando nos aproximamos dos necessitados, e quando oramos para que Deus levante trabalhadores em nosso meio. Ambos nos motivam à ação. As mulheres a quem falei naquela noite precisavam ouvir que Deus atribui grande valor a elas e que Ele cura os corações feridos. A mulher que dormia na rua e outras tantas como ela, estão esperando para ouvir estas boas-novas. —Regina Franklin

leia›

Isaías 61:1-11

O Senhor Deus me deu o seu Espírito, pois ele me escolheu para levar boas notícias aos pobres. Ele me enviou para animar os aflitos... (v.1).

examine›

Leia os livros de Ezequiel 34:8-11 e de João 21:15-19 para descobrir a correlação entre o amor de Deus e nosso desejo de cuidar dos outros.

considere›

Quais são os obstáculos para que você responda ao chamado de levar a cura de Deus aos outros? Como Deus o tem desafiado a pensar de forma diferente sobre sua responsabilidade em alcançar os feridos?

aplicação pessoal›

tão aberto

Solomon Stoddard e outros pastores na Nova Inglaterra do século 17, queriam que todos pertencessem à igreja. Mas muitos filhos dos puritanos não estavam interessados em seguir Jesus. Assim, Stoddard amenizou as regras para ser membro de igreja. Quem concordasse com os ensinamentos e evitasse a imoralidade poderia ser membro, mesmo que não demonstrasse sinais de conversão.

Essa inovação aumentou o alcance da igreja, mas reduziu sua compreensão espiritual. A igreja poderia se vangloriar de ter incluído todos da cidade, mas o que significa a membresia quando os padrões são rebaixados? O neto de Stoddard, Jonathan Edwards, reconheceu o problema, mas foi demitido pela congregação quando exigiu que os membros produzissem confissões de fé convincentes.

A situação atual é semelhante. Queremos que todos pertençam ao reino de Deus, mas muitas pessoas não estão interessadas em seguir Jesus. Alguns pastores respondem afrouxando as regras para ser membro da igreja, dizendo que não precisamos crer em Jesus para entrarmos no reino. Que nem mesmo precisamos entrar, pois todos já estão *nele*.

Porém, Cristo disse que só Ele é a porta e aqueles que entrarem por meio dele serão salvos (João 10:9). Se Jesus é a única porta, então todos os que negam a necessidade de crer nele estão fechando a porta do reino (Mateus 23:13,14). Pior ainda, como no experimento de Stoddard, rebaixar os padrões para que se pertença a esse reino é uma forma de eliminar a própria ideia de reino. Um reinado que inclui todos e que nada exija das pessoas não é mais um conceito significativo. Se é tudo, também é nada. Assim o reino não mais existiria, e não se pode entrar no que não existe.

Se você quer que seus amigos entrem no reino, não derrube as paredes. Mostre-lhes a porta. —Mike Wittmer

leia›

Mateus 23:1-15

Ai de vocês, mestres da Lei e fariseus, hipócritas! Pois vocês fecham a porta do Reino do Céu para os outros... (v.13).

examine›

Compare a passagem no livro de Mateus 1:21 com o livro de João 3:18,36 para entender porque precisamos crer em Jesus para sermos salvos. Leia o livro de João 6:29 para ver o que Deus exige de nós.

considere›

É melhor dizermos às pessoas que precisam se arrepender e crer em Jesus (Marcos 1:15) ou que nasceram para o reino? É essencial que creiamos em Cristo?

aplicação pessoal›

descanse

Vivemos em um mundo orientado pelo fazer e parece que simplificar nossas vidas nunca foi tão complicado. Responda as perguntas a seguir da forma mais honesta possível para determinar se você precisa descansar: *Sinto-me estressado ao realizar minhas tarefas diárias? Encontro alegria na vida que Deus me deu? Tenho o descanso que meu corpo precisa? Consigo ouvir a voz de Deus?*

Pode parecer que sempre há trabalho a fazer e não há tempo para o descanso, mas Deus nunca quis que fosse assim para Seu povo. O Senhor queria que seguíssemos Seu exemplo vivendo de acordo com o ritmo de vida que Ele estabeleceu. Assim, deu-nos o exemplo quando trabalhou por seis dias, criando os céus e a terra (Gênesis 2:1), e depois descansou no sétimo dia (v.2). Deus *descansou*, não porque estivesse cansado, mas porque queria estabelecer um padrão para Sua criação (v.3) — um ritmo de trabalho e descanso. Mais tarde, esse dia seria chamado sábado (Êxodo 16:23; 20:8-11) e foi planejado para que ajudasse o povo a redescobrir Deus como Criador, Redentor e Provedor (Deuteronômio 5:12-15). Também era um tempo especial da semana para que as pessoas se recuperassem física e emocionalmente.

Mesmo que creiamos que cada dia pertença a Deus, faríamos bem se separássemos um dia por semana para descansar. Este descanso será diferente para cada um. Mas poderíamos incluir momentos de adoração pessoal e em grupos, com oração, leitura e meditação na Palavra de Deus. Também podemos celebrar este dia descansando os nossos corpos, desconectando-nos da tecnologia, passando tempo com a família e nos recusando a deixar que as preocupações de nosso emprego interfiram.

Nosso tempo de descanso sabático nos renova para que possamos servir a Deus e ao próximo efetivamente. —Marvin Williams

leia>

Gênesis 2:1-3

No sétimo dia Deus acabou de fazer todas as coisas e descansou de todo o trabalho que havia feito (v.2).

examine>

Leia o livro de Mateus 11:28,29 e veja como Jesus traz descanso às nossas almas. Nosso descanso semanal deveria nos lembrar do descanso eterno que um dia gozaremos (Hebreus 4:3,11).

considere>

Você acha difícil diminuir o ritmo e descansar? Por que ou por que não? Se sim, que mudanças você e sua família precisam implementar?

aplicação pessoal>

ESTUDO 4

chamados à bondade

Minha bebê e eu estávamos cobertas com purê de peras após um imprevisto. Um operador de telemarketing ligou e soltou uma propaganda eleitoral. Quando o telefone tocou pela terceira vez, o homem do conserto disse que chegaria logo. Eu gritei: "Vai ter que entrar para consertar o exaustor?" Ao desligar, me senti péssima por ter sido tão grosseira.

Como cristãos, somos chamados para sermos gentis (Efésios 4:32). Pode parecer básico, mas numa sociedade que adora retornos sarcásticos e atitudes de "eu primeiro", a bondade é uma arte perdida.

Júlio, um alto oficial romano, foi bondoso com seu prisioneiro Paulo. Em sua viagem marítima a Roma, Júlio deixou Paulo "...ver os seus amigos e receber deles o que precisava" (Atos 27:3). Foi benevolente quando podia ter sido rígido; permissivo, ao invés de controlador — tudo para garantir o conforto de Paulo. A bondade oferece uma mão amiga.

A gentileza também protege a vida de pessoas indefesas. Em dado momento da viagem de Paulo, grandes ondas começaram a rasgar o navio em pedacinhos. Os guardas decidiram matar os prisioneiros em vez de deixá-los escapar na água. "...mas, o centurião [Júlio] querendo salvar a Paulo..." (v.43), pôs um fim ao plano maldoso. Todos chegaram a salvo em Malta. Os ilhéus foram bondosos; fizeram uma fogueira para recebê-los debaixo do frio e da chuva (28:2). Assim como esse povo, a bondade pode exigir que demonstremos hospitalidade e recebamos os recém-chegados com braços abertos.

Talvez a gentileza o esteja chamando a alimentar os famintos ou a proteger os indefesos. O que quer que você fizer, lembre-se de que cada ato de desprendimento reflete o coração bondoso de Deus conosco: "Pois, pela morte de Cristo na cruz, nós somos libertados, isto é, os nossos pecados são perdoados. Como é maravilhosa a graça de Deus" (Efésios 1:7). —Jennifer Benson Schuldt

leia>

Atos 27

...Júlio tratava Paulo com bondade... (v.3).

examine>

Leia o livro de Mateus 25:35-40 para ver porque a bondade é importante para Jesus.

considere>

De que forma Deus demonstra Sua bondade a você? O que você pode fazer para demonstrar bondade a alguém esta semana?

aplicação pessoal>

povo especial

Gosto de andar por meu bairro e admirar a vista. Enquanto vago, meus olhos veem texturas, detalhes, nomes e lugares especiais. Em minha rua, encontro os vizinhos tomando refrigerantes de laranja na varanda, o jovem casal que vai ao mercado sempre de mãos dadas e, naturalmente, o garoto que pretende fazer alguma travessura. Meu bairro não tem apenas uma linha indefinida de casas, mas pessoas, com suas histórias individuais. Como escreveu a professora Elaine Scarry: "A beleza está nos detalhes."

Às vezes, esquecemos que os escritores da Bíblia dirigiram suas palavras à pessoas em particular. Não escreveram para uma plateia geral e vaga, e é provável que não tivessem ideia de que seu texto seria lido por tantas pessoas (como nós) durante tanto tempo. Em vez disso, escreveram para pessoas específicas, em cidades específicas, tratando de questões específicas. Os autores bíblicos estavam imersos nos detalhes.

Quando Paulo escreveu à igreja que se reunia em Filipos, ele sabia exatamente quem receberia sua carta. Tinha mensagens para Evódia e Síntique, que aparentemente estavam em discórdia e precisavam reconciliar-se (Filipenses 4:2). Falou diretamente àqueles que serviam nos corredores do poder romano — "...os do palácio do Imperador" (v.22). Dirigiu-se àqueles que tinham se sacrificado para ajudar os amigos pobres e atribulados (v.15); e também quis encorajar seu amigo fiel, Clemente (v.3).

A Bíblia é um livro muito particular. Esmiúça a nossa vida da mesma forma como aprofundava-se na vida de seus primeiros leitores. Ela arregaça as mangas e escava conosco, em meio às nossas dúvidas, medos e pecados. Qualquer que seja o nosso problema, Deus o conhece — e a Sua Palavra tem algo a dizer a respeito. —Winn Colier

leia›

Filipenses 1:1-11

...para todos os moradores da cidade de Filipos que pertencem ao povo de Deus e que creem em Cristo Jesus e também para os bispos e diáconos da igreja (v.1).

examine›

Escolha outra carta do Novo Testamento (Filemom é uma das curtas) e a leia por completo. Observe os detalhes: assuntos específicos, histórias especiais e indivíduos.

considere›

Que pessoa em sua vida realmente deseja conhecê-lo? O que significa para você compreender que Deus conhece e se importa com os detalhes sobre quem você é?

aplicação pessoal›

nossa defesa

Sou um grande fã dos dramas jurídicos na TV, quer tenham uma abordagem séria ou cômica. Amo entrar nos limites de uma sala de julgamento. É fascinante testemunhar os confrontos entre os promotores e defensores dos réus. Invariavelmente, os promotores fazem seu melhor para provar a culpa do acusado, enquanto a defesa se esforça para absolvê-lo. Você acaba amando esses defensores da justiça!

No livro de 1 João 1, o apóstolo nos leva a um tribunal. Deus é o Juiz que preside a sessão. Nós, como cristãos, somos acusados de termos pecado contra o Senhor. Satanás é identificado como o promotor que nos acusa de dia e de noite, diante de Deus (Apocalipse 12:10; Jó 1:9; Zacarias 3:1).

Acima de qualquer dúvida razoável, somos culpados da acusação: "Se dizemos que não temos pecados, estamos nos enganando, e não há verdade em nós" (1 João 1:8). Mas João não nos deixa fadados à sentença de prisão. Ele nos dá uma dupla estratégia para ganharmos nossa liberdade.

Primeiramente, temos de admitir nossa culpa e confessar "...os nossos pecados [a Deus]". Ele é o Juiz "fiel e justo" que "...perdoará os nossos pecados e nos limpará de toda maldade" (v.9). Depois temos que nos apoiar completamente em nosso "Advogado junto ao Pai, Jesus Cristo" (2:1). Jesus é o único advogado que pode nos libertar. Somente Ele "...nos defende diante do Pai" (vv.1-2); Seu sangue "...nos limpa de todo pecado" (1:7).

Você tem um advogado de defesa para defender sua causa diante do justo Juiz? Jesus Cristo é sua única esperança! —K. T. Sim

leia>

1 João 1:7–2:2

Será que alguém poderá condená-los? Ninguém! Pois foi Cristo Jesus quem morreu, ou melhor, quem foi ressuscitado e está à direita de Deus. E ele pede a Deus em favor de nós (Romanos 8:34).

examine>

Que garantias você encontra no livro de Romanos 8:31-39 com relação às acusações que são lançadas em seu caminho?

considere>

Do que o diabo o está acusando hoje? Como você vai lidar com as acusações que ele está fazendo contra você?

aplicação pessoal>

cedo demais

P*or que, Deus? Por que o Senhor levaria alguém tão jovem? Por que eles precisam enfrentar tanta dor?* Estas perguntas estão em minha mente. Um jovem casal perdeu o bebê logo após o nascimento, devido às complicações. Os dois já passaram por tantas dificuldades nos últimos anos — um aborto natural, perda de emprego, e contínuo desemprego. Meu coração sofre por eles enquanto eles se preparam para enterrar seu bebê.

O de Deus também.

No Salmo 34, Davi estava inspirado ao escrever: "Ele fica perto dos que estão desanimados..." (v.18). Podemos não entender porque certas coisas acontecem, mas temos certeza de que Deus está *conosco* em meio a essas situações. Ele se importa conosco e ouve nosso clamor angustiado (v.15).

Jesus disse aos Seus discípulos: ...eu estou com vocês todos os dias, até o fim dos tempos" (Mateus 28:20). Ele sabe o que estamos passando, pois sofreu a morte por nós. Pela graça de Deus Ele provou a morte por todos (Hebreus 2:9). O nosso Senhor enfrentou os dias mais escuros e sabe como nos consolar em nosso sofrimento hoje.

Quando clamamos a Ele, Deus está lá (Salmo 34:17). Embora o pesar ameace nos esmagar, Ele é nossa habitação, e por baixo de nós, estende os braços eternos (Deuteronômio 33:27). Os nossos espíritos podem estar oprimidos (Salmo 34:18), mas o Senhor nos livra sempre (v.19).

Deus não só nos consola por meio do dom da Sua presença; Ele também nos dá uma perspectiva da eternidade que renova nossas esperanças. Como escreveu Davi, Ele salvará "...a vida dos seus servos" (v.22). Nossa salvação, possibilitada pela morte de Jesus, significa que um dia estaremos com Ele — livres da morte e da dor.

Então nos reuniremos com aqueles que conheceram a divina graça salvadora — mesmo aqueles que deixaram essa vida cedo demais. —Tom Felten

leia>

Salmo 34:15-22

Ele fica perto dos que estão desanimados... (v.18).

examine>

No livro de 1 Tessalonicenses 4:14, o apóstolo Paulo nos revela porque podemos experimentar a esperança mesmo em meio ao sofrimento advindo da morte.

considere>

O que você faz quando está de luto? Por que é importante se apegar à presença de Deus e à perspectiva da eternidade ao chorarmos pela morte de alguém amado?

aplicação pessoal>

ser um civil

"Parece que nossa sociedade tem se tornado cada vez mais dividida e polarizada," escreve o presidente de um grupo empresarial. "Cada semana somos levados a cenas de discussões amargas, protestos que se transformam em violência e vandalismo, xingamentos e ataques pessoais. Os debates importantes não são mais lutas por ideias e palavras, mas tudo é feito com gritarias."

Preocupado com "o ódio e animosidade dirigidos a homens e mulheres com os quais podemos discordar", Mark DeMoss lançou *O Projeto de Civilidade* — uma união de liberais e conservadores, Democratas e Republicanos, negros e brancos e pessoas de variadas crenças. Todos concordam que, mesmo diante de uma grande discórdia, não devemos brigar.

DeMoss diz que embora os participantes do projeto possam ter motivações diferentes para praticar a civilidade, como seguidor de Jesus Cristo, ele se vê movido pela passagem do livro de 1 Coríntios 16:14 "Que tudo o que vocês fizerem seja feito com amor." E o "amor", segundo 1 Coríntios 13:4-7, inclui a paciência e a benignidade (v.4). Não arde em ciúmes, não se ufana ou se ensoberbece (vv.4,5). Não procura os seus interesses (v.5). Não se exaspera, ou ressente do mal (v.5). Não se alegra com a injustiça, mas regozija-se com a verdade (v.6). Persevera e tudo suporta em qualquer circunstância (v.7). "Quer partindo de convicções espirituais ou puro pragmatismo, a civilidade deve ser preferida à incivilidade", declara DeMoss.

É importante que memorizemos as Escrituras, que podem nos ajudar a manter a paciência quando discordarmos do comportamento ou ponto de vista de alguém. Que o nosso projeto pessoal seja revelar a graça de Deus, "...porém o maior destes é o amor" (v.13 ARA), ao debatermos e discutirmos os assuntos contemporâneos com os outros. —Roxanne Robbins

leia>

1 Coríntios 13

Eu poderia falar todas as línguas que são faladas na terra e até no céu, mas, se não tivesse amor, as minhas palavras seriam como o som de um gongo ou como o barulho de um sino (v.1).

examine>

Aprenda mais sobre o amor e a paciência de Deus pela leitura do livro de Êxodo 34:6,7.

considere>

Por que é importante nos envolvermos em discussões civis com os não-cristãos? O que acontece com nosso testemunho quando perdemos a paciência?

aplicação pessoal>

locutor-mestre

Jesus era um locutor estratégico. Quando as multidões se reuniam ao Seu redor, Ele se sentava para ensinar a eles sobre Seu reino. Como o Salvador ensinava às massas? Contando *histórias*. Um fazendeiro semeando no campo (Marcos 4:1-8); uma semente brotando sem ninguém saber como (vv.26-29); uma semente de mostarda cresceu até se tornar árvore e dar sombra (vv.30-32). Estas histórias muitas vezes eram deixadas em suspenso sem um clímax ou explicação. Tudo o que Jesus disse às multidões foi: "...Quem tem ouvidos para ouvir, ouça" (vv.9,23).

A abordagem com Seus discípulos era diferente. Ele lhes explicava o significado das parábolas (vv.10-20). Marcos nos diz que essa era Sua estratégia de comunicação: *Jesus usava histórias sobre a fé para motivar as multidões, mas explicava o seu sentido somente àqueles que queriam a resposta* (vv.33,34). Aqueles que "tinham ouvidos para ouvir" abandonavam as multidões de incrédulos para se tornar Seus discípulos.

Há mais de 20 anos, algo interessante vem ocorrendo na Austrália. As estações de rádio cristãs usam essa abordagem do Mestre, e misturam a música cristã com a *secular*. Em vez de apresentarem apenas programas com sermões, os locutores aproximam-se dos ouvintes e despertam o interesse espiritual com entrevistas do tipo-testemunho e breves "dicas divinas". O evangelho é oferecido a estes ouvintes "...de um modo que eles podiam entender" (v.33). Aqueles que querem saber mais recebem atenção personalizada.

Este formato de radiodifusão, antes considerado controverso, agora é aceito e bem-sucedido. Os não-cristãos são mais de 60% da audiência de algumas dessas rádios, e muitos ouvintes já tiveram a sua vida transformada.

Mas esta forma de alcançar as pessoas não é original — as rádios simplesmente seguem o exemplo do Locutor-Mestre! —Sheridan Voysey

leia>

Marcos 4:21-34

E só falava com eles usando parábolas, mas explicava tudo em particular aos discípulos (v.34).

examine>

Além de histórias, Jesus usava a mesma técnica com provérbios e com pontos gerais do Seu ensino. Leia o livro de Marcos 7:1-23 para ter um exemplo.

considere>

Jesus conquistou seu coração e imaginação com Suas parábolas? É possível reproduzir essa técnica de uso de histórias para compartilhar a sua fé?

aplicação pessoal>

ESTUDO 10

assim como nós

Uma das várias histórias bíblicas que nos encorajam acerca da oração se encontra no final da carta de Tiago. Quando vai encerrando sua carta, o autor encoraja os leitores a orar (5:13). Para ilustrar a questão, ele usou um episódio do Antigo Testamento em que relatava a vida do profeta Elias.

Tiago relembrou os leitores de que Elias havia orado com fervor a Deus para que contivesse a chuva por três anos e meio e que nem uma gota caísse na terra durante este período (v.17). Em seguida, o profeta orou por chuva e o Senhor abriu os céus abundantemente (v.18).

Duas coisas me encorajam quando penso em como Tiago utilizou a dramática história de Elias. Primeiro ele começa dizendo que "O profeta Elias era um ser humano como nós..." (v.17). São só algumas palavras, mas combatem uma mentira que frequentemente tenta diminuir as nossas orações ao invadir nossas mentes: *Certamente essas espécies de orações podem ter funcionado para um daqueles personagens bíblico, mas não funcionaria para alguém como eu.*

Nossas orações são importantes e podem ser tão eficazes quanto a de qualquer outro seguidor de Deus — até mesmo a de alguém cujas orações retiveram a chuva por mais de três anos!

A segunda coisa que me impressionou sobre a história de Elias é a de que as nossas orações têm a sua importância naquilo que Deus está fazendo. O Senhor poderia ter parado a chuva que despertou uma imensa escassez e iniciá-la novamente sem as orações de Elias, mas Ele convidou o profeta para fazer parte da obtenção da solução.

Você pode ser tentado a pensar que as suas orações são de pouco valor. Nunca caia nessa mentira. Suas orações são poderosas! Pergunte a Elias. —Jeff Olson

leia>

Tiago 5:13-18

Portanto, confessem os seus pecados uns aos outros e façam oração uns pelos outros, para que vocês sejam curados. A oração de uma pessoa obediente a Deus tem muito poder (v.16).

examine>

Confira no livro de Esdras 8:23 o que acontece quando oramos com fervor a Deus.

considere>

Como as suas orações têm sido afetadas pelas dúvidas? O que você fará esta semana para iniciá-la com mais fervor?

aplicação pessoal>

cobertos

Onde eu moro a primavera raramente chega sem alarde. Muitos a esperam com a expectativa das cores brilhantes das azaleias, outros armazenam anti-histamínicos e aguardam o ataque dos espirros alérgicos. Na última primavera, o pólen foi especialmente intenso. Numa manhã, meu marido e eu nos surpreendemos ao ver uma sinistra nuvem de pólen pairando visivelmente no ar. Nossos narizes e gargantas testemunharam a invasão da natureza.

O livro de Números 13 registra a história de 12 espias indicados para conhecer a Terra Prometida. Josué e Calebe, e os outros dez também impactaram uma geração do povo de Deus. Seus nomes não são lembrados, e sua postura é lamentável: *As promessas de Deus não eram possíveis* (vv.28,29,31-33). Como uma fina nuvem de pólen, o desânimo deles envolveu as pessoas e as suas palavras de medo abalaram a fé na grandeza de Deus. Aos prantos, o povo clamava para voltar ao Egito, onde o cativeiro parecia mais seguro (14:1-3).

O desânimo é um inimigo sorrateiro e causa uma lenta hemorragia, uma erosão gradual. À medida que as batalhas se tornam árduas e os resultados são postergados, ele se estabelece, camada por camada até que estejamos prontos a desistir. Após 40 anos do episódio em que os espias trouxeram sua mensagem de desencorajamento, Moisés relembrou Josué — que estava prestes a liderar o povo a entrar na Terra Prometida — "...Seja forte e corajoso! Não fique desanimado, nem tenha medo, porque eu, o SENHOR, seu Deus, estarei com você em qualquer lugar para onde você for!" (Josué 1:9).

Podemos escolher sermos cobertos pela incredulidade ou fé. Josué confiou tanto nas promessas de Deus que as proclamou aos outros (Josué 1:6,9; 10:25. Consequentemente, ele levou sua nação à liberdade que vem de Deus. E o nosso viver reflete desânimo ou profunda confiança em Deus? —Regina Franklin

leia>

Números 13:25–14:4

Então, naquela noite, todo o povo gritou e chorou (14:1).

examine>

Leia o livro de Provérbios 4:23;13:12, e 15:13 para aprender mais sobre o papel do coração em lidar com o desânimo.

considere>

O que o fez se sentir desencorajado ultimamente? Como você pode aprender a confiar mais em Deus e não "desistir"?

aplicação pessoal>

defenda-os

A colunista Kathleen Parker recorda um momento crucial de sua adolescência. Ela tinha acabado de ser transferida para uma escola nova quando o professor lhe pediu para diagramar ou refazer o formato de uma frase. Ela não tinha aprendido isso, e não tinha ideia de como fazê-lo. Sua resposta esquisita provocou a zombaria da turma.

No mesmo instante, o professor disse aos alunos: "Ela pode escrever melhor do que qualquer um de vocês, a qualquer momento!" A menina sentiu-se aliviada, até vitoriosa, pela defesa.

Ela olha para aquele momento com profunda gratidão. "Comecei, naquele dia, a tentar escrever tão bem quanto ele disse que eu podia." Mais adiante, Kathleen ganharia o cobiçado Prêmio Pulitzer.

Defender nosso próximo em seus momentos de fraqueza e vulnerabilidade é um atributo divino, logo não surpreende que Jesus tenha passado Sua vida praticando isso. Quando os discípulos consideraram as criancinhas como intrusas no tempo do Senhor, Jesus as recebeu (Lucas 18:15-17). Na parábola do Bom Samaritano, Ele valorizou um membro de um grupo minoritário como protagonista dessa poderosa história (10:30-35). Quando os capciosos líderes religiosos pegaram uma mulher em adultério e a trouxeram diante da multidão no templo, Jesus os envergonhou, oferecendo a ela o perdão e um futuro melhor (João 8:1-11). Quando éramos incapazes de nos socorrer, Ele deu Sua vida por nós (Romanos 5:6).

Defender os indefesos pode ser tão simples como colocar-se ao lado para demonstrar solidariedade e aliança. Em raras ocasiões, pode significar um ato de heroísmo. Independente disso, ao defendermos os vulneráveis, lhes damos a chance de se tornarem o que Deus planeja que sejam. De forma simples, mas significativa, refletimos o próprio coração do Senhor. —Tim Gustafson

leia>

Romanos 5:6-11

De fato, quando não tínhamos força espiritual, Cristo morreu pelos maus, no tempo escolhido por Deus (v.6).

examine>

O livro de Mateus 25:31-46 nos indica o que importa a Deus e o Salmo 35:9-10 revela como Ele se importa com os indefesos.

considere>

Como você se sente quando vê os outros sofrerem? E quando alguém é objeto de zombaria? O que você fará para demonstrar o amor de Deus pelos vulneráveis hoje?

aplicação pessoal>

mais do que pão

Isaac Penington, um dos primeiros defensores e promotor do movimento *Quaker* (fundado na Inglaterra, no século 17) disse: "O Senhor tem me ensinado a viver firmado nele, não em algo concedido por Ele, mas na Sua própria vida." No livro de João 6, a multidão queria depender de Jesus, não que seus corações fossem fiéis a Ele, mas por serem fiéis ao que achavam que Ele poderia lhes dar; alimento e libertação da opressão romana.

A provisão dos pães (João 6:6-18) confirmou isto em suas mentes. Jesus então se retirou, demonstrando Sua rejeição àquele tipo de percepção do Messias que eles desejavam (vv.14-15).

No dia seguinte, a multidão o procurou e o encontrou, demonstrando que a busca foi bem-sucedida (vv.22,25). De novo, eles o seguiram pelo que acharam que Ele poderia lhes dar. Mas Jesus reverteu aquela situação em seu favor e se identificou como o Pão da Vida (v.35). Ele, e não a Lei ou qualquer outra coisa, era a fonte de vida eterna (vv.33,48,51,58). Somente aqueles que acreditavam em Jesus e internalizavam Suas palavras, ética, padrão de pensamento e verdade iriam encontrar a verdadeira satisfação na vida. Isto era tão radicalmente diferente do que o povo tinha em mente que alguns deixaram de segui-lo (vv.60-66).

Em nosso mundo consumista, é fácil seguir Jesus só "pelos pães". Mas somente Ele pode satisfazer nossa fome mais profunda por Sua presença. O Senhor irá nos satisfazer quando estivermos ligados a Ele (João 15) pela leitura e prática das Suas palavras; quando permanecermos ligados a Seu corpo — a igreja de Cristo, e quando servimos ao próximo como Ele fez.

Sigamos a Jesus, não somente porque Ele pode nos dar os pães, mas porque é Deus e — ao confiarmos nele — o Senhor provê tudo o que precisamos para hoje e por toda a eternidade. —Marvin Williams

leia›

João 6:25-59

Jesus respondeu: —Eu afirmo a vocês que isto é verdade: vocês estão me procurando porque comeram os pães e ficaram satisfeitos e não porque entenderam os meus milagres (v.26).

examine›

Leia o livro de João 4 para ver como a percepção da mulher samaritana sobre Jesus mudou durante a conversa entre eles.

considere›

Por que você segue Jesus? A sua percepção sobre Ele mudou ao longo dos anos? O que foi surpreendente? Chocante? Tranquilizador?

aplicação pessoal›

anjos

Eu estava saindo da estação de trem em Guangzhou com minha passagem, quando notei uma ocidental perturbada pelas filas longas e irregulares que se formavam ao redor. Percebi que ela deveria ser nova na China porque, aparentemente, não sabia que as estações de trem normalmente têm bilheterias reservadas especialmente para estrangeiros. Disse-lhe que me seguisse, pois a levaria a uma sala especial onde compraria sua passagem com facilidade. Durante o caminho, soube que ela era cristã. A mulher ficou tão agradecida por minha ajuda que perguntou se eu era um anjo!

Eu ri e lhe disse que era apenas um homem com um pouco mais de experiência na China, mas que ela podia ter razão. O livro de Hebreus 13:2 diz: "Não deixem de receber bem aqueles que vêm à casa de vocês; pois alguns que foram hospitaleiros receberam anjos, sem saber" Mesmo que isso seja verdade, como Gideão e Manoá descobriram no livro de Juízes 6 e 13, também é verdade que a pessoa que oferece a hospitalidade é um tipo de anjo.

O termo anjo significa "mensageiro", e não é forçar a interpretação pensar que Deus me enviou ao terminal de Guangzhou naquele dia para ajudar Sua filha que estava em apuros. As Escrituras repetidamente nos mandam estar em vigilância pelos outros. Paulo escreve: "Repartam com os irmãos necessitados o que vocês têm e recebam os estrangeiros nas suas casas" (Romanos 12:13). Pedro acrescenta: "Hospedem uns aos outros, sem reclamar" (1 Pedro 4:9). E Jesus explicou que quando alimentamos e vestimos os pobres, estamos alimentando e vestindo a Ele mesmo (Mateus 25:37-40).

À luz da ênfase de Deus sobre a hospitalidade, estou feliz por ter sido confundido com um anjo, mas triste de que isso tenha acontecido apenas uma vez. —Mike Wittmer

leia>

Gênesis 18:1-15

...Senhores,[...] não passem pela minha humilde casa sem me fazerem uma visita. Vou mandar trazer água para lavarem os pés, e depois os senhores descansarão aqui debaixo da árvore. Também vou trazer um pouco de comida, e assim terão forças... (vv.3-5).

examine>

Leia o livro de 3 João 5-11 para descobrir sobre a importância da hospitalidade na igreja primitiva. Leia o livro de 2 Reis 4:10 para ver sobre o assunto no Antigo Testamento.

considere>

Martinho Lutero disse que, ao servirmos uns aos outros, somos a "máscara de Deus". Isso reflete a nossa hospitalidade? Você já foi "anjo" para alguém?

aplicação pessoal>

jovem para sempre

Brooke Greengberg gosta de dar risadinhas e engatinhar como qualquer bebê. Ela tem 76 cm e pesa cerca de 7 kg, mas nasceu em 1993. Ela está presa no corpo de uma criança de 1 ano devido à Síndrome X. Um médico observou: "Sua idade celular não é a mesma que a sua idade real".

O autor do livro de Hebreus escreveu sua epístola tratando da imaturidade espiritual de seus leitores. Sua preocupação era que estavam agindo como bebês espirituais que precisavam de instrução básica, em vez de ensinos mais avançados (5:13). O autor queria lhes dar alimento espiritual sólido, mas eles ainda não haviam desenvolvido o suficiente para abandonar o leite espiritual. Apesar de serem cristãos tempo suficiente para já estarem ensinando a outros (v.12), eles não estavam crescendo em seu conhecimento da Palavra de Deus. Esta inércia sufocante os levara a serem "...preguiçosos..." (v.12). Faltava-lhes maturidade para discernir a diferença entre o certo e o errado (v.14). Na verdade, não tinham ideia de como fazer o que é certo (v.13)

O autor então os desafia a caminhar para o amadurecimento e a aprofundarem-se nas verdades da fé (6:1-3). Mas, um pouco antes do seu apelo, ele lhes deu o segredo para o amadurecimento — aplicação constante da Palavra de Deus nas situações da vida (5:14). Não é algo que se desenvolve automaticamente com o tempo (v.13).

Recentemente, fui lembrado de que Deus se preocupa mais com a forma como fazemos as tarefas que Ele nos confiou do que com nossa habilidade de completá-las. O Pai quer que nos tornemos como Jesus. Porém, muitos de nós nos preocupamos mais em cumprir nossa lista de afazeres do que em Cristo está sendo formado em nós.

Que amadureçamos em Jesus à medida que nos alimentarmos avidamente de Sua Palavra e praticarmos Sua sabedoria. —Poh Fang Chia

leia>

Hebreus 5:11–6:3

Assim, vamos em frente a fim de chegarmos ao ensinamento de adultos, deixando para trás as primeiras lições da mensagem de Cristo... (6:1).

examine>

Leia o livro de Lucas 8:12-14 para ver o que pode sufocar nosso amadurecimento em Cristo.

considere>

Você enfrenta situações no trabalho, em casa ou na igreja que requerem sabedoria bíblica? Que princípios bíblicos você aplicaria a essas situações?

aplicação pessoal>

grandes braços do amor

Em 2011, Donna Simpson pesava mais ou menos 270 quilos, mas estava se esforçando para ganhar outros 180. Como pretendia se tornar a mulher viva mais pesada, iniciou uma campanha pública para promover suas intenções. Ela desejava ter uma alimentação saudável, mas planejou comer muito. Em suas próprias palavras, comia "grandes quantidades de comida saudável", incluindo mais de 70 postas de sushi e 20 tortilhas de frango numa única refeição. Enquanto seu apetite produzia manchetes, outros detalhes pessoais também pareciam estar em jogo. Uma jornalista escreveu que Donna admitiu "ser tão faminta por atenção quanto por comidas ricas em calorias".

Quaisquer que fossem suas intenções e seja lá o que pensem sobre suas escolhas, todos nós clamamos por amor e atenção — e desenvolvemos nossas estratégias para consegui-los. O salmista reiterou muitas vezes o quão ilimitado é o amor de Deus por Seu povo. Repetidamente, o escritor lembrava Israel sobre a bondade, misericórdia e proteção divinas. Eles recontaram a história de como Deus os havia "tirado da terra dos egípcios" e como, se Israel simplesmente o obedecesse e recebesse Seu amor, Deus iria saciá-los (81:10).

"Mas" diz, o "...povo não quis me ouvir; Israel não me obedeceu" (v.11). Não é interessante que menosprezemos aquele que nos ama mais profundamente? Muitas vezes, afastamos o Único que tem a capacidade de satisfazer nossos anseios e desejos mais profundos.

O Salmo fala do desejo de Deus de nos alimentar e satisfazer (v.16). Ele quer nos amar nas situações em que nós mais ansiamos por amor, e quer satisfazer nossos anelos mais profundos — o anelo por Ele. Mas o Senhor não irá se impor a nós. Temos que nos abrir a Ele, e caminhar para os Seus grandes braços de amor. —Winn Collier

leia>

Salmo 81:8-16

Mas a vocês eu daria o melhor trigo e os alimentaria com mel do campo, até que ficassem satisfeitos (v.16).

examine>

O Salmo 81 fala da "teimosia" de Israel (v.12) que parece discordar dos anseios que Deus deseja satisfazer (v.10). Leia o Salmo e veja quais desejos opostos são esses.

considere>

Quais anseios você mais quer que Deus satisfaça? O que o impediria de só receber o cuidado e provisão de Deus para você?

aplicação pessoal>

em quem você confia?

Nosso mundo está sofrendo uma crise de autoridade. Os adultos responsáveis parecem ser ou incompetentes ou maus, ou ambos. Os banqueiros e negociadores ruíram o sistema financeiro mundial de tal forma que os economistas ainda não sabem como consertá-lo. Os líderes governamentais se tornaram políticos que administram mal a longo prazo para em curto prazo ganhar votos e continuar no ofício.

Em quem podemos confiar? Nos cientistas? Aqueles pesquisadores imparciais que foram pegos falsificando livros sobre mudança climática. Na igreja? Os pastores traem suas esposas, desculpam-se e simplesmente se mudam para outra igreja. Em nossos pais? Sua geração nos impôs tantos débitos que nosso futuro financeiro parece sombrio.

É fácil se tornar um cínico e rebelar-se contra aqueles que estão arruinando nosso futuro. Afinal, eles o previram, certo? Você pode pensar: *deveríamos nos organizar usando o poder da internet e das urnas para exigir uma liderança competente e moral.* Mas, se não nos cuidarmos, nossa atitudes antiautoritárias podem se tornar anarquia, com cada um de nós cuidando apenas de si mesmo e censurando todo mundo. E não foi assim que chegamos ao caos em que estamos?

O segredo para se evitar a anarquia é colocar nossa confiança em Deus e não em nós mesmos. Se cremos que Ele ainda está em Seu trono, então "...não teremos medo, ainda que a terra seja abalada, e as montanhas caiam nas profundezas do oceano" (Salmo 46:2). Nosso soberano Deus acalma as águas e os céus e tudo mais exultam em louvor (96:11).

Por favor, não me interprete mal. Temos que honrar nossos líderes. Mas vamos agir firmados na fé e não no medo. Se "O SENHOR Todo-Poderoso está do nosso lado; o Deus de Jacó é o nosso refúgio" (46:7), então mesmo que nossas nações se abalem (v.6), podemos nos "...aquietar e saber que [Ele] é Deus!" (v.10 ARA) —Mike Wittmer

leia>

Salmo 46:1-11

Deus é o nosso refúgio e a nossa força, socorro que não falta em tempos de aflição (v.1).

examine>

Leia os livros de Romanos 13:1-7 e 1 Timóteo 2:1-7 para aprender sobre como os cristãos devem responder às autoridades.

considere>

Um mau governo é melhor do que a anarquia ou a ausência de governo? Nossa fé traz esperança e nos ajuda a não cair na armadilha da desesperança?

aplicação pessoal>

ore por mim

Faze de minha vida uma oração a ti,
Quero fazer o que mandas,
Sem palavras vazias ou mentiras
Sem orações genéricas ou acomodação (tradução livre).

Gosto demais dessa letra do cantor e compositor cristão Keith Green que morreu há quase 3 décadas. Ela reflete o seu coração apaixonado por Deus. No livro de Efésios 6, o apóstolo Paulo descreveu como podemos fazer de nossas vidas uma *oração* a Deus pela prática de uma vida de oração. Escreveu: "...Orem sempre, guiados pelo Espírito de Deus..." (v.18).

Não é coincidência que o apóstolo tenha escrito essas palavras depois de ter tratado sobre a batalha espiritual na qual nos encontramos, "...nós não estamos lutando contra seres humanos..." (v.12). A famosa metáfora de nos revestirmos da armadura espiritual é clara e esclarecedora (v.13). Porque sem *verdade, justiça, paz que vem das boas-novas, sem fé, salvação e sem a Palavra de Deus* iríamos definhar diante de nosso inimigo invisível.

Porém, o que Paulo nos diz para fazer enquanto batalhamos? Orar. É necessária comunicação contínua com nosso Pai do céu para se fazer o que Deus quer que façamos, para se viver sem acomodação, para apagar "...os dardos de fogo do Maligno" (v.16). Deveríamos "...orar sem cessar" (1 Tessalonicenses 5:17 ARA).

Quando as coisas não vão bem às vezes paramos de orar *imediatamente*. Como Keith escreveu, ou nossas orações são "genéricas" ou simplesmente paramos de nos comunicar com Deus. Em vez de sermos perseverantes em nossas orações (Efésios 6:18), demonstramos nossa falta de fé e perda de amor ao Pai quando não falamos com Ele.

É hora de fazermos de nossas vidas uma oração ao Senhor. Siga o exemplo de Paulo, quando disse aos efésios "...orem também por mim..." (v.19). Agindo assim, ele reconheceu o poder maravilhoso que vem de Deus, à medida que oramos a Ele "sem cessar". —Tom Felten

leia>

Efésios 6:10-19

Façam tudo isso orando a Deus e pedindo a ajuda dele. Orem sempre, guiados pelo Espírito de Deus. Fiquem alertas. Não desanimem e orem sempre por todo o povo de Deus (v.18).

examine>

Leia o livro de 1 Coríntios 14:15 e reflita sobre o motivo de ser tão importante orar no "Espírito", e não só em nossas mentes.

considere>

O que o impede de orar fervorosamente a Deus? De que maneira você pretende mudar sua vida de oração nesta semana?

aplicação pessoal>

prepare-se para a ação

Como capelã dos atletas que competiam nos Jogos de Inverno de Nagano em 1998, uma noite fiquei fora até mais tarde ajudando no local de patinação. Com frio e exausta finalmente dirigi-me ao meu quarto à 1h da manhã. Enquanto estava a caminho, fiquei chocada quando vi que vários membros do time de *hockey* masculino dos EUA estavam andando e se gabando da festa da qual iriam participar.

No entanto, sua diversão em Nagano durou pouco. Pois no dia seguinte o time que era favorito à medalha perdeu em uma rodada inicial e no final terminou em sexto lugar.

A Palavra de Deus nos ensina que "...pelos seus frutos os conhecereis" (Mateus 7:20 ARA). Para esse time que mencionei o fato de alguns deles terem participado de festas resultou em críticas a eles, seus colegas e a seu país. "Seu legado final das Olimpíadas de Nagano", escreveu o comentarista de *hockey* Joe Pelletier, "foi um quarto de hotel sujo deixado por alguns jogadores anônimos".

Para um atleta ser bem-sucedido, suas habilidades devem ser moldadas em um estilo de vida disciplinado. Da mesma forma, para trazer glória a Jesus, a fé e as ações de um cristão devem operar conjuntamente. São as obras que fazem a "fé se consumar" (Tiago 2:22).

O apóstolo João escreveu que as nossas obras demonstrarão que "...pertencemos à verdade de Deus e que o nosso coração se sente seguro na presença dele" (1 João 3:19). Esta ideia foi praticada pela prostituta Raabe, que foi justificada por obras quando acolheu os emissários e os fez partir por outro caminho (Tiago 2:25).

Quando as nossas obras refletem a nossa fé em Cristo é mais provável que atraiamos pessoas a Deus, do que só por palavras (Tiago 2:14). Demonstremos verdadeiramente a nossa fé pelas coisas que fazemos e dizemos (1 João 3:18). —Roxane Robbins

leia>

1 João 3:11-24

...o nosso amor não deve ser somente de palavras e de conversa. Deve ser um amor verdadeiro, que se mostra por meio de ações (v.18).

examine>

Leia o livro de Salmo 119:4-6 para ver o que nossas ações deveriam "refletir consistentemente".

considere>

Que comportamento você precisa mudar para revelar a fé que proclama? Como Jesus exemplificou a fé que foi refletida em palavras e ações?

aplicação pessoal>

falsa fé

Depois de esperar na fila da loja, finalmente chegou minha vez. A funcionária pegou meu dinheiro, segurou a nota contra a luz e desapareceu para conferir com seu gerente. Ao voltar, explicou que a loja tinha recentemente recebido várias notas falsas. Então me olhou e acrescentou: "Você não parece uma falsificadora." Ela estava certa; eu não estava passando dinheiro falso. Mas, fiquei pensando no que poderia me fazer *parecer* uma falsária: o olhar evasivo, mãos suadas, dedos sujos de tinta?

Nos dias de Paulo, alguns homens fraudulentos estavam espalhando uma fé falsa (2 Timóteo 3:8). Ele os descreveu em detalhes para que o seu protegido, Timóteo, diferenciasse os verdadeiros mestres dos falsos.

Esses falsos líderes cristãos estavam entrando sorrateiramente nas casas de pessoas vulneráveis. Em alguns casos, tinham como alvo as "...mulheres fracas, que estão cheias de pecados e que são levadas por todo tipo de desejos" (v.6). Eles saqueavam pessoas que não conseguiam se defender, o tipo de pessoas "...que estão sempre tentando aprender, mas nunca chegam a conhecer a verdade" (v.7).

Com seguidores desprovidos de discernimento espiritual, os maldosos estavam livres para "resistir à verdade" (v.8). De fato, Paulo os comparou aos antigos feiticeiros Janes e Jambres, que tentaram copiar os milagres de Moisés (Êxodo 7:11). E, assim como a dupla diabólica, o apóstolo prometeu que um dia todos reconheceriam os falsos mestres como insensatos (2 Timóteo 3:9).

Até aquele dia, temos que cuidar com os trapaceiros espirituais que infiltram nossas casas por meio da TV, livros e internet. A melhor defesa contra eles é conhecer a verdade. Temos que imitar os de Bereia, que "...Todos os dias estudavam as Escrituras Sagradas..." (Atos 17:11), e nos recusarmos a aceitar esse ensino de uma fé falsificada. —Jennifer Benson Schuldt

leia>

2 Timóteo 3:5-17

...Eles perderam o juízo e fracassaram na fé (v.8).

examine>

Leia o livro de 2 Pedro 2:12-19 para aprender o porquê seguir a falsos mestres não pode nos dar o caminho para a liberdade do pecado. Leia Judas 10-16 para uma descrição dos falsos mestres.

considere>

De que maneira você pode preservar sua vida dos falsos ensinos? O que você diria a alguém que está seguindo um falso mestre?

aplicação pessoal>

adrenalina para a alma

Usando uma linguagem contemporânea, ao mesmo tempo que tentava capturar a profundidade e vitalidade das palavras originais que moveram e inspiraram os primeiros cristãos, Eugene Peterson traduziu Hebreus 12:2-3 desta forma: "Porque ele jamais perdeu o alvo de vista — aquele fim jubiloso com Deus. Ele foi capaz de vencer tudo pelo caminho: a cruz, a vergonha, tudo mesmo. Agora, está lá, num lugar de honra, ao lado de Deus. Quando se sentirem cansados no caminho da fé, lembrem-se da história dele, da longa lista de hostilidade que ele enfrentou. Será como uma injeção de adrenalina na alma! (*A Mensagem*).

Ao longo dos anos, aprecio cada vez mais profundamente a importância de estudar sobre como Jesus viveu Suas convicções com ousadia (Filipenses 2:6-8). Normalmente sou instruído e tocado por Seus surpreendentes atos de compaixão, por Sua força em confrontar a injustiça e Sua disposição de sofrer pelo bem maior.

Consigo ver melhor que a minha aula preferida no seminário bíblico — "A Vida de Cristo" — não tinha tanto a ver com o professor, mas sim com o assunto. Por mais que o professor tenha sido excelente, a matéria era ainda melhor! Resumindo: Jesus é a pessoa mais cativante que já andou sobre a face da Terra.

Explorar a vida de Cristo é mais do que um exercício acadêmico ou intelectual. Não tem nada a ver com ficar abarrotado de informação para que possa passar em uma prova ou parecer "espiritual". Tem a ver com ser pessoalmente conhecido, cativado e amado por Aquele cuja vida, morte e ressurreição mudou todas as coisas (vv.9-11).

Celebre a vida de Jesus *detalhadamente*. Sorva-a. Sua realidade irá injetar *adrenalina* em seu coração. —Jeff Olson

leia>

Filipenses 2:5-11

...para que, em homenagem ao nome de Jesus, todas as criaturas no céu, na terra e no mundo dos mortos, caiam de joelhos e declarem abertamente que Jesus Cristo é o Senhor, para a glória de Deus, o Pai (vv.10-11).

examine>

Leia o livro de Gálatas 2:20 para entender melhor qual deve ser a profundidade de nossa identidade com Jesus.

considere>

Por que é vital que leiamos os evangelhos com frequência e meditemos nas palavras e ações de Jesus? De que maneira Ele o inspirou hoje?

aplicação pessoal>

o jeito difícil

Neste devocional, escreverei sobre um assunto que, devo admitir — com confiança — é uma área em que sou especialista. Isso mesmo, vou me vangloriar. Sou bem treinado e tenho muita experiência nisto. Meu assunto? Fracasso. Ninguém quer passar por ele, mas nós o conhecemos de perto e de forma pessoal.

O apóstolo Pedro sabia o que era falhar com Jesus. Horas antes de ele desmoronar, Jesus o advertiu de que ele o negaria (Lucas 22:34). Isto era bem mais do que uma simples possibilidade profética. Era um assunto consumado. Mais tarde Jesus levou Seus discípulos para o Jardim do Getsêmani para orar e se preparar para "...a hora do poder da escuridão" (v.53; Mateus 26:36-45). A oração fortalecia Jesus à medida que Ele se aproximava do plano do Pai (Lucas 22:41-43; Marcos 14:36). Também poderia ter dado a Pedro a paz e o poder de Deus, mas ele dormiu em vez de orar (v.37).

O apóstolo havia subestimado a dificuldade desta prova. Finalmente, sua autossuficiência, autoconfiança e independência o levaram a decepção consigo mesmo, o que consumiu seu orgulho (Isaías 2:22; Salmo 62:9). O orgulho foi a causa do fracasso de Pedro (Provérbios 16:18). Ele se vangloriou muito e orou pouco. Ao rejeitar a advertência de Jesus, Pedro não buscou o poder de Deus, o suprimento e a proteção divina por meio da oração (Lucas 22:32). Por fim, o discípulo impulsivo negou Jesus três vezes.

Quando o galo cantou, Pedro se lembrou da soberania de Jesus e da infalibilidade de Sua Palavra (v.61). A palavra do discípulo provou-se enganosa, mas a Palavra de Deus não falha.

O canto de um galo sinalizou o nascer de um novo dia. Também iluminou um novo começo para Pedro, enquanto ele pranteava amargamente e se arrependia do seu fracasso (v.62). Quais os fracassos que você precisa confessar a Jesus hoje? —K. T. Sim

leia›

Lucas 22:54-62

Vigiem e orem para que não sejam tentados. É fácil querer resistir à tentação; o difícil mesmo é conseguir (Mateus 26:41).

examine›

Anos mais tarde, Pedro escreveu algumas instruções sábias que refletem o que ele aprendeu do jeito difícil (1 Pedro 5:5-9). Como estas palavras o ajudam?

considere›

O que significa para você "negar" a Cristo? De que maneira os cristãos de hoje tem a tendência de "negar" a Jesus?

aplicação pessoal›

atolado

Meu computador se tornou um teste de paciência. É mais do que lento, leva pelo menos 10 minutos para ser carregado, pois foi infectado com vírus e *malware*. Como sou impaciente, e aperto os botões impulsivamente, tenho que me afastar depois de tê-lo ligado. Se não, sou instigada a apressar o processo tocando em alguma tecla. Meu marido instalou um programa de *spyware* para mantê-lo livre dessas contaminações. Por mais que um *software* de segurança seja necessário no atual mundo tecnológico infestado de vírus, nós aprendemos que a qualidade da proteção é mais importante que sua quantidade.

A autoproteção é um instinto forte em todos nós. Cremos cegamente que nosso bem-estar está mais protegido quando estamos no controle. Se a vida se tornar incerta — ou experimentarmos circunstâncias dolorosas — podemos nos tornar presas de nosso orgulho. Podemos vir a crer que somos mais capazes do que Deus de nos cuidar. O que não percebemos, porém, é que depender de nós mesmos nos leva a sermos morosos para reagir à direção do Espírito Santo. Ao contrário do que nossa carne nos diz, o controle não garante segurança (Salmo 62:5-7). Se ele faz algo, é nos deixar mais vulneráveis.

O livro de Salmo 32:7 diz: "Tu és o meu esconderijo; tu me livras da aflição. Eu canto bem alto a tua salvação, pois me tens protegido." Não podemos afirmar que Deus é nossa proteção e em seguida insistir em manter o controle. Confiar significa descansar na força de algo ou Alguém além de nós mesmos (62:6; Provérbios 3:5). Devemos lembrar:

- Deus é nossa única salvação (Salmo 62:1-4).
- Deus é nossa única esperança (vv.5-8).
- Deus é nossa única força (vv.9-12).

Isso sim é proteção verdadeira! —Regina Franklin

leia>

Salmo 62:1-12

Somente ele é a rocha que me salva; ele é o meu protetor, e eu nunca serei derrotado (v.2).

examine>

Leia o livro de Juízes 9 para ver o que acontece quando confiamos nos esquemas humanos.

considere>

De que forma você tenta se proteger de ser ferido pelos outros? Como essas medidas de autoproteção o impedem de confiar em Deus?

aplicação pessoal>

impossível

O ex-jogador de basquete de fama mundial, David Robinson resiste às tentações de ser uma superestrela e construiu a sua reputação como boa pessoa dentro e fora das quadras. Um dos resultados de seu legado são vistos numa escola particular de Ensino Fundamental.

Uma olhada rápida na Academia Carver não irá revelar que Robinson contribuiu com nove milhões de dólares para fundá-la. Essa instituição não leva o nome de Robinson, mas honra a memória do botânico e educador George Washington Carver (1864–1943). Neste mundo que clama por elogios e adulações, a generosidade deste ex-atleta é revigorante.

No Sermão do Monte, Jesus advertiu contra praticarmos algo com o propósito de ser elogiado. "Tenham o cuidado", disse Ele, "de não praticarem os seus deveres religiosos em público a fim de serem vistos pelos outros. Se vocês agirem assim, não receberão nenhuma recompensa do Pai de vocês, que está no céu" (6:1). Ampliou seu aviso para uma acusação aos "...hipócritas. Eles gostam de orar de pé nas sinagogas e nas esquinas das ruas para serem vistos pelos outros. Eu afirmo a vocês que isto é verdade: eles já receberam a sua recompensa" (v.5). Jesus queria que fôssemos reservados sobre as nossas boas obras.

É fácil ficar viciado no elogio e caçar agradecimentos. Desejamos ouvir o que as pessoas falam a nosso respeito entusiasticamente. Parece que a humildade é ilusória. E mesmo assim, ser humilde é o padrão absoluto que Jesus traçou para nós. Ele o viveu por nós. Paulo escreveu: "Ele tinha a natureza de Deus, mas não tentou ficar igual a Deus [...] e tomou a natureza de servo..." (Filipenses 2:6,7).

Podemos encontrar bons conselhos para nossa busca pela humildade nestas palavras: "Ninguém elogie a si mesmo; se houver elogios, que venham dos outros" (Provérbios 27:2). "Felizes as pessoas humildes, pois receberão o que Deus tem prometido" (Mateus 5:5). —Tim Gustafson

leia>

Mateus 6:1-6

Ninguém elogie a si mesmo; se houver elogios, que venham dos outros (Provérbios 27:2).

examine>

O que Jesus disse sobre as boas obras no livro de Mateus 5:14-16? De que maneira isso se harmoniza com o que está escrito no livro de Mateus 6:1-6?

considere>

Como você lida com o desejo de receber elogios e atenção? Quem recebe o louvor quando você permite que as boas obras falem por si mesmas?

aplicação pessoal>

grande demais para falhar

Jerry terHorst renunciou como Secretário de Imprensa dos EUA quando seu amigo, o presidente Gerald Ford, absolveu o ex-presidente Richard Nixon. Ele disse a Ford que não sabia como podia "defender com credibilidade" a decisão de perdoar Nixon, quando os cidadãos comuns estavam sendo punidos por se recusarem a servir na guerra do Vietnã. O presidente não queria perdoar seu antecessor, mas achou que era necessário que os Estados Unidos deixassem para trás "aquele longo pesadelo nacional" e que seguissem em frente.

Não é assim que acontece? As pessoas do alto escalão escapam com mais facilidade do que aqueles que estão por baixo. Funcionários são presos por seus crimes, mas é difícil a uma nação processar um presidente. Funcionários perdem os empregos e vão à falência, enquanto que grandes bancos são socorridos porque seu fracasso iria prejudicar a economia mundial.

Odiamos essa política injusta, e mesmo assim podemos repeti-la. Protegemos um pastor para preservar a reputação de nossa igreja, ou desprezamos a má conduta de nosso candidato para ganharmos a eleição. Quando maior você for, menos provável será que seja reprovado.

Não com Deus. O livro de Tiago diz que os líderes na igreja receberão "maior juízo" (3:1) e Paulo escreveu que todos os líderes serão responsabilizados (1 Coríntios 4:2-5). Jesus reprovou a elite religiosa por fazerem de seus prosélitos ""...duas vezes mais [merecedores] do inferno do que vocês mesmos" (Mateus 23:15). Ao invés de sermos intimidados ao silêncio permissivo, sigamos o exemplo de Natã que falou a verdade ao rei Davi. Não racionalizou o adultério e assassinato cometido por Davi, mas declarou com ousadia "Esse homem é você".

Quanto mais poderoso, mas difícil de cair. Vamos conduzir os outros em integridade e honestidade que honram a Deus. —Mike Wittmer

leia›

2 Samuel 12:1-14

"Então Natã disse a Davi: —Esse homem é você..." (v.7).

examine›

Leia o livro de Mateus 23:1-39 para ver como Jesus falava a verdade aos poderosos. O que você pode aprender com o exemplo de Jesus?

considere›

Você se tornou "muito grande para ser reprovado?" Você quebra as regras e se livra de pecados que nunca teria cometido se não se sentisse assim?

aplicação pessoal›

sistema organizado

Perguntou-se às crianças: "Como uma esposa pode se submeter a seu marido?". Maria, de oito anos disse: "Minha mãe pode cortar a grama, alimentar os cachorros, trabalhar no jardim e nos ajudar no dever de casa, em vez de pedir a meu pai para fazer isso. Também poderia fazer comida para ocasiões especiais, ir ao mercado, levar a gente ao médico, recolher nossas roupas todas as manhãs, fazer café da manhã, almoço e jantar."

Esta definição gera o caos no casamento e perpetua a má compreensão sobre o assunto. O que Paulo tinha em mente ao escrever essas famosas palavras em Colossenses 3?

O mandamento para que as esposas se submetam a seus maridos era uma das evidências dos colossenses se revestindo do novo ser. Portanto, quando Paulo deu esta ordem (v.18), não estava dizendo que as esposas eram inferiores, e que os maridos deveriam forçar a submissão, que todas as mulheres têm que se submeter a todos os homens, que as esposas não são inteligentes e não têm boas ideias, ou que devem seguir seus maridos em pecado.

A palavra *submeter* significa "colocar-se sob." O apóstolo estava dizendo que cada esposa, em reconhecimento ao sistema divinamente estabelecido na criação dos primeiros seres humanos (Gênesis 2:7,18,21-23), deviam colocar-se sob a liderança do marido. Isso traz honra a Jesus e reflete com clareza Seu governo na vida da mulher.

Como seguidores de Cristo, não deveríamos reagir negativamente à palavra submissão baseados em más experiências de mau uso. Em vez disso, devemos refletir em seu verdadeiro significado bíblico. Maridos e mulheres devem conversar sobre as decisões e situações que enfrentam e lutar por unidade em suas decisões — o marido carregando o peso final da responsabilidade em amor (Colossenses 3:18,19). Essa é a maneira de Deus. —Mark Williams

leia>

Colossenses 3:18-21

Esposa, obedeça ao seu marido, pois é o que você deve fazer por ser cristã (v.18).

examine>

Leia o livro de Efésios 5:25-29 para adquirir conhecimento sobre a responsabilidade de um marido em relação a sua esposa.

considere>

De que forma você viu a palavra *submissão* usada inadequadamente no passado? Como o papel do marido em amar sua esposa facilita a submissão no casamento?

aplicação pessoal>

querido

Há alguns anos nossos amigos viajaram para a Etiópia para conhecer e trazer para casa sua filha recém-adotada. O casal tinha orado por Lilia, economizado milhares de dólares para pagar as despesas de adoção e esperaram meses e meses até que pudessem recebê-la em sua casa. Mas antes de saberem quem seria sua filha e antes de saberem seu nome, ou aparência, já a aguardavam. Eles a queriam.

Na carta aos efésios o apóstolo Paulo oferece uma longa lista das várias formas como Deus nos aguardou e nos quis. No original grego estes versículos (1:3-14) formam uma frase longa e emocional (mais de 200 palavras). É como se ele fosse tomado de entusiasmo e suas palavras escapassem da página, enquanto tentava descrever sobre a extensão do amor de Deus por nós. Paulo nos diz que:

- *Deus nos escolheu* "Antes da criação do mundo..." (v.4). Para aqueles dentre nós que sempre se sentiram colocados de lado e nunca incluídos, podemos nos alegrar no fato de termos sido escolhidos. E fomos escolhidos muito antes de respirarmos pela primeira vez.
- Deus "nos predestinou para ele, para a adoção" (v.5 ARA). Para aqueles dentre nós que vivem com medo constante de que fracassaremos ou administraremos mal a bondade de Deus, podemos descansar na decisão firme do Senhor de nos amar. Se quisermos Jesus, descobriremos que Ele já nos desejava (e há muito tempo).
- Deus "...nos deu com tanta fartura!..." (v.8). Para aqueles dentre nós que nunca se sentiram extravagantemente amados, podemos nos alegrar na veracidade de que Deus se alegra em nós.

Se você nunca sentiu-se verdadeiramente querido, saiba disto: Deus quer você... mais do que você possa imaginar. —Winn Collier

leia>

Efésios 1:1-14

Antes da criação do mundo, Deus já nos havia escolhido para sermos dele... (v.4).

examine>

Leia novamente estes versículos (vv.1-14) e marque cada palavra que expressa como Deus se sente sobre você e a vontade dele para sua vida. O que isto lhe diz sobre o coração e caráter divino?

considere>

Quando você se sentiu menos desejado ou querido em sua vida? Como se sente ao saber que é querido por Deus?

aplicação pessoal>

procurando

Recentemente a arqueóloga Eilat Mazar encontrou fortificações construídas em Jerusalém há três mil anos. Acredita-se que foram feitas por Salomão, e esta evidência refuta fortemente o que os especialistas seculares creem: "que a monarquia de Davi [e Salomão] era em grande parte mítica e que não se pode falar que houve um governo forte naquela época". A escavação e pesquisa determinada de Eilat fizeram uma descoberta maravilhosa!

No livro de Lamentações 3, o autor (que se crê tenha sido Jeremias) escreveu sobre a importância de se procurar por algo mais importante que ruínas antigas. Disse ele: "O SENHOR é bom para todos os que confiam nele" (v.25). O que é impressionante neste versículo e no capítulo 3, é o fato de ser um oásis de esperança num livro da Bíblia que é conhecido por sua tristeza e lamento. Por que o profeta tinha esperança? Por causa do amor fiel de Deus e o fato de que "...sua bondade não tem fim" (v.22).

Tenha em mente que Jeremias testemunhara a desoladora destruição da cidade de Jerusalém. O povo de Deus tinha sido derrotado, e muitos tinham sido exilados para a Babilônia. A morte e a devastação se seguiram.

Mesmo naquele momento sombrio, o profeta escolheu buscar a Deus e a Seu coração compassivo avidamente (v.32). Ele escreveu: "Deus é tudo o que tenho; por isso, confio nele" (v.24). Esperança. Ele ainda a tinha, mesmo que tudo mais fosse passado — dolorosamente tirado dele e do seu povo. Jeremias escolheu esperar em silêncio diante de seu Deus fiel (vv.23,28). O profeta e seu povo tinham sido disciplinados pelo Senhor por sua rebelião contra Ele, mas Jeremias sabia que não seriam rejeitados "...para sempre" (v.31).

Se lhe falta esperança hoje, busque a Deus. Seu amor e compaixão nunca o decepcionarão. —Tom Felten

leia›

Lamentações 3:22-32

O SENHOR é bom para todos os que confiam nele (v.25).

examine›

Leia o livro de Deuteronômio 28:45 para saber porque Deus permitiu que Seu povo fosse derrotado pelos babilônios. Os versículos 36 e 37 previram exatamente o que ia acontecer.

considere›

O que acontece ao escolhermos não buscar a Deus ao experimentarmos o sofrimento? O que acontece quando realmente o buscamos?

aplicação pessoal›

amigo de pecadores

Os ensinos de Jesus podem parecer contraditórios. Ele exige um padrão de vida mais rigoroso do que o do Antigo Testamento. A lei judaica condenava o adultério (Êxodo 20:14); Jesus disse que até mesmo olhar alguém com lascívia era errado (Mateus 5:27,28). A Lei permitia o divórcio (Deuteronômio 24:1); Jesus o condenou, exceto a infidelidade conjugal (Mateus 5:32). Muitos líderes judeus interpretavam mal a Lei e se sentiam na liberdade de retaliar (Êxodo 21:23-25); Jesus ensinou o contrário (Mateus 5:38-42). O assassinato sempre foi condenável (Êxodo 20:13), mas Jesus via a ira e o ódio igualmente maus (Mateus 5:22). Ele nos chama a um elevado padrão moral de significado eterno (v.20).

Jesus foi considerado amigo de pecadores (Lucas 7:34). Ele era misericordioso com os divorciados e os sexualmente licenciosos (João 4:17,18; 8:10,11). Jantava com os ladrões publicanos (Lucas 19:5-8) e recebia pessoas de má fama (7:37-39). Simão, o zelote, Seu discípulo, era um revolucionário político e Pedro podia ser violento (6:15; João 18:10). Jesus tinha a companhia das pessoas menos prováveis de viverem Seus padrões morais. E essa é a boa-nova.

Se você é um assassino, adúltero, ladrão ou bêbado; se já foi lascivo, mentiroso, não guardou confidências, foi avarento, iracundo, ciumento ou egoísta, Jesus está preparado para aceitá-lo. Ele é amigo dos pecadores. As únicas pessoas que Ele não aceita são os que se autojustificam com arrogância — aqueles que negam sua necessidade de mudança e perdão; aqueles que se perderam na ilusória crença de que são superiores a todos (Mateus 9:12).

Jesus não fazia vista grossa, relaxando a moral para uma forma de amor livre. Sua ética é dura, Seus padrões elevados. Mas Ele também é amigo dos pecadores, incluindo eu e você. —Sheridan Voysey

leia›

Mateus 5:20-48

O Filho do Homem come e bebe, e vocês dizem: "Vejam! Esse homem é comilão e beberrão; é amigo dos cobradores de impostos e de outras pessoas de má fama" (Lucas 7:34).

examine›

Leia a história de Zaqueu no livro de Lucas 19. O que aconteceu primeiro — Jesus procurou este publicano ou Zaqueu buscou perdão para seus pecados?

considere›

Como esta característica de Jesus o consola quando você peca? Qual "pecador" você afastou de si, e que deveria, como o Mestre agir com misericórdia?

aplicação pessoal›

ESTUDO 30

fisgado

"Fisgado!" Eu já ouvi estas palavras serem gritadas muitas vezes enquanto puxo a linha do meu anzol. Essa é a forma tradicional que os pescadores anunciam que um peixe foi fisgado e que a luta começou.

Em uma ocasião o pescador que segurava a vara que balançava muito em seu suporte era Jacó, um amigo do meu filho adolescente. Por 20 minutos ele lutou com coragem. À medida que seus braços ficavam exaustos se perguntava se conseguiria capturar o peixe. Perto do fim, o pescado quase escapou quando enrolou a linha na base do motor do barco. Mas quando pensamos que Jacó o tinha perdido, a pesca de quase 14 quilos ainda estava presa. Em minutos rendeu-se à nossa rede.

A experiência de Jacó, na luta contra o salmão, ilustra os altos e baixos da nossa batalha mais difícil contra as forças das trevas (Efésios 6:12). Às vezes é estimulante nos unirmos a Deus na retomada do território do maligno. Sentimos um profundo senso de propósito enquanto batalhamos na guerra contra o mal que começou muito antes do mundo ter início (Apocalipse 12:7-9). Mas há vezes em que a batalha exige um preço alto. Enfraquecidos, nos tornamos vulneráveis a cair em mentiras como *você não consegue continuar* ou *não vale a pena lutar.*

Satanás é um inimigo astuto, se não puder nos derrotar de frente, muitas vezes vai mudar para uma tática mais sutil para nos derrotar — a mentira (João 8:44). Mas ao invés de concordar com seu engano, podemos manter o diabo na isca nos recusando a acreditar em suas palavras e nos lembrando desta verdade: "Em todas essas situações temos a vitória completa por meio daquele que nos amou" (Romanos 8:37).

Permanecer na verdade não nos tira da luta, dá-nos força para ficarmos firmes. Ouça as palavras de Deus, não as mentiras de Satanás. —Jeff Olson

leia>

João 8:42-47

A pessoa que é de Deus escuta as palavras de Deus... (v.47).

examine>

Leia o livro de Romanos 12:21 para saber como devemos vencer o mal.

considere>

Satanás tem conseguido o melhor de você? Quais mentiras dele você tem aceitado regularmente? De que maneira você pretende reagir aos ataques dele?

aplicação pessoal>

talvez hoje

"...Mestre, quando será isso? Que sinal haverá para mostrar quando é que isso vai acontecer?" (Lucas 21:7). Por séculos, os cristãos fizeram estas duas perguntas, e acreditaram que Jesus estava voltando, por causa de sinais e acontecimentos que observaram durante os seus dias. No entanto, dois mil anos depois, ainda tentamos encontrar as respostas a estas perguntas.

Em vez de dar aos discípulos uma data específica, Jesus os avisou: "...Tomem cuidado para que ninguém engane vocês..." (v.8). Perguntar "quando" é a pergunta errada. Em vez disso, Jesus nos deu estes mandamentos: "Fiquem alertas!" (v.34) e "...fiquem vigiando e orem sempre" (v.36). Por que a ênfase? Será que devemos prestar atenção em sinais específicos e combiná-los com realizações de acontecimentos atuais? Vejamos:

"Acautelai-vos!" não significa que devemos olhar para os sinais de Sua volta, mas para os perigos da má interpretação destes sinais, levando-nos a pensar que são provas conclusivas de que o fim do mundo chegou. Esses sinais — falsos cristos e mestres, apostasia, conflitos, guerras, desastres, terremotos, fomes, pandemias, perseguições, ódio e martírio de judeus e cristãos (vv.8-17) — cumpridos em todas as gerações. Jesus deixou claro: "...é preciso que essas coisas aconteçam primeiro. Mas isso não quer dizer que o fim esteja perto" (v.9).

Cristo voltará. Esta é a Sua promessa (v.27). Quando? Não sabemos (Marcos 13:32,33). Está próximo? Sim, ela está mais próxima agora do que foi ontem (Romanos 13:11,12). Iminente? "...o Dia do Senhor virá como um ladrão, na calada da noite" (1 Tessalonicenses 5:2). Em breve? *Talvez hoje.*

Jesus veio como nosso Salvador cerca de dois mil anos atrás. Ele virá outra vez como Juiz (João 5:22,27; Atos 17:31). "Não deixem [...] que aquele dia pegue vocês de surpresa" (Lucas 21:34). —K. T. Sim

leia>

Lucas 21:5-38

...Mas ninguém sabe nem o dia nem a hora em que tudo isso vai acontecer, nem os anjos do céu, nem o Filho, mas somente o Pai (Marcos 13:32).

examine>

O que estas passagens da Bíblia nos livros de Romanos 13:11-14; 1 Tessalonicenses 5:1-10; 2 Pedro 3:3-15 dizem sobre como devemos viver enquanto esperamos o retorno de Jesus?

considere>

Você acha que Jesus voltará em sua geração? Por quê? Você está pronto? Você está ansioso por Seu retorno? Sim ou não?

aplicação pessoal>

o exemplo de Jônatas

Quando Matt Damon fez sucesso, ele comprou dois robustos jipes *Grand Cherokee* — um para si e outro para seu melhor amigo, Ben Affleck. A uma renomada revista, ele disse: "Esse era o carro dos nossos sonhos. Decidimos na moeda a cor deles, pois nós dois queríamos verde-selva e eu ganhei. Ele escolheu preto." Sorri ao ler essa história. Amigos sonham, comemoram juntos e se apoiam. Quando Davi e Jônatas se conheceram, "Jônatas, filho de Saul, começou a sentir uma profunda amizade por Davi e veio a amá-lo como a si mesmo" (1 Samuel 18:1). Eles permaneceram amigos, embora o pai de Jônatas, o rei Saul, quisesse matar Davi. Infelizmente, Jônatas teve que escolher entre a lealdade a seu pai e seu melhor amigo.

Ele escolheu Davi, e lhe perguntou: "O que você quer que eu faça?" (20:4). Jônatas ajudou Davi a fugir de Saul. Um amigo verdadeiro é leal e o verdadeiro aliado deixa de lado os seus interesses para apoiar o outro. Competição não vai corroer o seu relacionamento. Jônatas queria Davi como rei de Israel, embora seu pai tão cruelmente houvesse indicado que Jônatas deveria ser o próximo governante (v.30).

Apesar da enorme pressão sobre sua amizade, Jônatas caminhou para visitar seu amigo, na região montanhosa no deserto de Zife, onde Davi estava se escondendo de Saul. Durante a sua saída no deserto, Jônatas "...lhe deu coragem para confiar na proteção de Deus" (1 Samuel 23:16). Os verdadeiros amigos acham tempo para se encorajarem espiritualmente.

Ao ler sobre Davi e Jônatas, me questiono: Sou uma boa amiga? A lealdade, a humildade e o compromisso inabalável de Jônatas com Davi me inspirou a procurar outras maneiras de servir os meus amigos. Embora nenhum relacionamento seja perfeito, a amizade funciona melhor quando seguimos o exemplo de Jônatas: "...pois ele amava Davi como a si mesmo" (20:17). —Jennifer Benson Schuldt

Leia›

1 Samuel 20

...porque Jônatas o amava com todo o amor da sua alma (v.17 ARA).

Examine›

Leia o livro de Jó 2:11-14 para ver como os amigos podem se apoiar mutuamente durante tempos difíceis. Leia o livro de João 15:13-17 para saber mais sobre a amizade de Jesus com os cristãos.

Considere›

O que você pode fazer para melhorar uma amizade? Como suas amizades se comparam ao relacionamento de Davi e Jônatas?

aplicação pessoal›

honesto demais

O que parecia ser um dia normal na igreja, tornou-se extraordinário. O clérigo apenas pediu a um de seus diáconos para orar. Mas este se levantou e disse: "Desculpe, pastor, discuti com minha esposa todo o caminho até aqui e não estou em condições de orar." E, sentou-se.

Depois de um "breve" momento em que o tempo pareceu interminável, o ministro desajeitadamente conduziu a congregação em oração e o culto seguiu em frente. Depois, os dois trocaram desculpas e o pastor prometeu nunca mais pedir a alguém para orar publicamente sem primeiro consultar essa pessoa.

Quando meu professor de seminário contou o incidente, senti que essa atitude não era muito religiosa. Aquele homem demonstrou uma honestidade chocante em um lugar tipicamente conhecido pelo fingimento e formalidade.

O diácono também entendeu um conceito que o apóstolo Pedro sugere: Deus é um pai protetor e carinhoso. Se eu não estou honrando a minha esposa, por que o Pai celestial dela ouviria minhas orações? Eu ofendi o Senhor tanto quanto a ofendi. Talvez por isso Pedro advirta: "...tratai-a com dignidade [...] para que não se interrompam as vossas orações" (1 Pedro 3:7 ARA).

"Pois o Senhor olha com atenção as pessoas honestas..." Pedro acrescentou, citando o Antigo Testamento (Salmo 34:15,16), "...e ouve os seus pedidos, porém é contra os que fazem o mal" (1 Pedro 3:12). Essa verdade não se estende apenas ao relacionamento conjugal, mas para tudo o que fazemos.

O que acontecerá se trocarmos a fachada de religiosidade pela honestidade amorosa e sincera com os nossos irmãos e irmãs em Cristo? O que acontecerá se honrarmos uns aos outros mais do que a nós mesmos? É a única maneira para que o mundo saiba que somos verdadeiramente diferentes. —Tim Gustafson

leia>

1 Pedro 3:7-12

...tratai-a com dignidade [...] para que não se interrompam as vossas orações (v.7 ARA).

examine>

O que o livro de Mateus 5:23,24 nos diz sobre a importância da reconciliação antes de adorarmos a Deus adequadamente?

considere>

Você se esforça para ser sincero em tudo o que faz? Você está sendo desonesto diante de Deus e dos outros?

aplicação pessoal>

ampliado

A maioria das pessoas concorda que os livres mercados melhoraram a vida de bilhões de pessoas. Muitos hoje vivem mais e mais ricos do que alguém jamais foi. Os livres mercados nos incentivam a criar produtos que as outras pessoas queiram comprar. Empreendedores lucraram com seus esforços ao inventar vacinas, computadores, micro-ondas e água encanada.

Os livres mercados não são um bem absoluto, mas são a maneira mais eficiente de fornecer aos consumidores o que eles querem. No entanto, os mercados não podem nos dizer o que desejar. Se os consumidores querem alívio para o calor do verão, os mercados irão conectá-los com os vendedores de aparelhos de ar-condicionado. Se querem ficar ricos rapidamente por meio de jogos de azar, os mercados fornecerão cassinos.

Resumindo, os mercados ampliam o que nós somos. Se você quiser saber quem você é, olhe para o que você compra, esses produtos o revelam. Qual o conteúdo em seus produtos eletrônicos? O que você encontra lá indica que tipo de árvore você é (Mateus 7:17,18,20).

Os mercados também se ampliam através do aumento de nossa influência sobre os outros. Um materialista medieval aumentaria seu ouro, e isso seria o fim. Mas agora, com o poder de ampliação dos mercados, um materialista que compra uma casa gigante suporta toda uma indústria que constrói mansões, e uma pessoa imoral que acessa sites pornográficos incentiva os produtores a produzir mais esse tipo de conteúdo. Cada compra é um voto para o produto que compramos. Se escolhermos entretenimento grosseiro, banal ou obsceno, nossa cultura vai contribuir para que o mercado produza mais do mesmo.

Nenhum homem é uma ilha. Isso nunca foi mais verdadeiro do que agora. E Deus vai um dia julgar as escolhas que fazemos hoje (Mateus 7:19; Hebreus 6:8). —Mike Wittmer

leia>

Mateus 7:13-20

Assim, toda árvore boa dá frutas boas, e a árvore que não presta dá frutas ruins (v.17).

examine>

Leia o livro de Lucas 12:13-21 para ver como nossas escolhas nos moldam, e leia o livro de Romanos 14:13-15:4 para ver como nossas escolhas podem ajudar ou prejudicar os outros.

considere>

O exagero pode ser melhor do que o boicote? O que aconteceria se nos uníssemos por uma boa causa, em vez de chamarmos atenção às causas que ofendem?

aplicação pessoal>

ESTUDO 35

baluarte da verdade

Minha amiga não gosta da ideia de ir à igreja. Ela diz: "As pessoas deixam seus cérebros às portas da igreja."

Um poeta contemporâneo descreve a igreja desta forma: "Por fora, bela como antigamente; sem brilho interiormente, vazia e fria. Sua força e fogo se passaram, e como a lua morta, ela ainda brilha."

Para algumas pessoas, a igreja é simplesmente um lugar para aqueles que são religiosos. Mas o apóstolo Paulo vê a igreja através de um ângulo diferente. Ele vê a igreja como um corpo significativo. É a "casa de Deus", "a igreja do Deus vivo", e a "a coluna e o alicerce da verdade" (1 Timóteo 3:15). A igreja não é um edifício, ou uma reunião realizada em um local físico. A igreja são as pessoas — aqueles que já nasceram pelo Espírito de Deus e iniciaram um novo relacionamento com Deus como seu Pai, e uns aos outros como irmãos. É a "casa de Deus".

Além disso, a igreja pertence ao Deus *vivo*. Quando os cristãos se reúnem, eles experimentam a presença de um Deus que lhes fala Suas palavras, ouve suas orações e responde à sua adoração.

Ao contrário do que algumas pessoas acreditam, a igreja não é um resquício ultrapassado do passado, sem relevância para a sociedade de hoje. Há uma razão para sua existência. É a "...coluna e o alicerce da verdade", criada para fazer a diferença e introduzir a verdade em um mundo saturado de erros.

Que Deus nos ajude, a igreja, a aprender novamente quem somos e o que podemos fazer por Ele. Pois "...Cristo amou a Igreja e deu a sua vida por ela. Ele fez isso para dedicar a Igreja a Deus, lavando-a com água e purificando-a com a sua palavra" (Efésios 5:25,26). A igreja é de grande valor aos olhos de Deus. —Poh Fang Chia

leia>

1 Timóteo 3:14-4:5

...a Igreja do Deus vivo, a qual é a coluna e o alicerce da verdade (v.15).

examine>

Leia os livros de Colossenses 1:18 e 1 Pedro 2:7-9 para melhor compreensão do verdadeiro propósito e valor da igreja.

considere>

Como um membro da igreja pode participar da família de Deus? De que maneira você pode apoiar o propósito da igreja em ser pilar e alicerce da verdade?

aplicação pessoal>

ESTUDO 36

desvios divinos

No verão passado, meus filhos e eu fizemos alguns passeios de bicicleta. Um caminho à beira do rio tornou-se o favorito. Há vários locais para parar, deixar os capacetes e explorar ao redor. A descoberta mais célebre deles foi um ninho de girinos. Em contraste com os meus filhos, não gosto de parar durante o passeio. Eu gosto de passear seguindo a rota de *ida e volta*. Mas para eles, o que encontram pelo caminho é tão importante quanto chegar ao destino.

No começo do livro de Efésios, Paulo descreve um conjunto de palavras, imagens, temas e ideias de tirar o fôlego — teologicamente ricas. No entanto, assim que o capítulo 3 começa, Paulo desacelera, faz uma pausa e escreve uma oração: "Por essa razão eu oro a Deus, eu, Paulo, que estou preso por causa de Cristo Jesus para o bem de vocês, os não judeus" (v.1). E essa reticência nos envia em uma viagem.

Paulo mal tinha acabado a sua oração quando começou a levar o assunto para outra direção — desviando-se da ideia original. Depois de 13 versículos Paulo retoma seus pensamentos iniciais. A maioria dos tradutores, conscientes desta mudança desarticulada, marcam com um traço ou reticências as tentativas de comunicar que Paulo tinha se *desviado* do assunto.

É interessante perceber, à medida que Paulo desviou-se para esse segundo caminho, literário, ele destacou a predileção de Deus pelos desvios. Paulo contou como Deus tinha "revelado Seu plano misterioso" durante seu ofuscante encontro com o Senhor na estrada de Damasco. Este encontro com Jesus não estava na agenda de Paulo (v.3). Ele, então, descreveu outro aparente desvio, Deus unindo judeus e gentios era algo que ninguém esperava (v.6). Um *desvio monumental.*

A graça muitas vezes vem de forma inesperada. Desvios, submetidos a Deus, não são inconveniências, *são dádivas.* —Winn Collier

leia>

Efésios 3:1-13

No passado esse segredo não foi contado aos seres humanos, mas agora, por meio do seu Espírito, Deus o revelou aos seus santos apóstolos e profetas (v.5).

examine>

Leia o livro de Efésios 3:1-13. Observe se os personagens foram surpreendidos. De que maneira! O que a ideia de "mistério", na passagem, diz sobre os desvios divinos?

considere>

De que maneira Deus pode influenciar em suas prioridades? Ele pode agir em sua vida?

aplicação pessoal>

belas expressões

Alguns anos atrás, uma mãe de 28 anos de idade sofreu um ataque brutal que a deixou paralisada da cintura para baixo. Ela estava sentada num banco, e observava seus filhos brincarem no parque local. Um doente mental a esfaqueou pelas costas, quase cortando sua medula espinhal.

"A minha respiração parou", ela disse mais tarde. "Eu não conseguia falar. Não conseguia gritar. Fiquei lá por um segundo, e imediatamente parei de sentir as minhas pernas."

O marido dela tinha perdido recentemente o emprego, e eles estavam sem plano de saúde. No entanto, no momento mais sombrio para ela, o Senhor imediatamente impeliu as três igrejas cristãs da cidade, com apenas 300 habitantes, para dar-lhe assistência, demonstrando firmemente que Deus "...não se esquece do clamor dos aflitos" (Salmo 9:12 ARA).

Os fiéis de diferentes denominações, unidos, reconstruíram a casa dessa jovem mãe. Eles alargaram as portas e adaptaram os degraus na entrada da casa para melhorar o acesso. Aqueles homens e mulheres também pintaram, limparam e ajudaram de muitas outras maneiras (Filipenses 4:14).

Esta é uma bela demonstração do amor de Jesus e da comunidade cristã, quando as pessoas vivem as instruções do apóstolo Paulo encontradas no livro de Romanos 12:13, que dizem "Repartam com os irmãos necessitados o que vocês têm e recebam os estrangeiros nas suas casas"

Para os incrédulos, Paulo escreveu: "...sempre que pudermos, devemos fazer o bem a todos..." (Gálatas 6:10). Repetidas vezes na Bíblia, vemos o terno coração de Deus pelos pobres e necessitados. Uma vez que Ele se preocupa com aqueles que estão em necessidade, nós também devemos cuidar deles (Deuteronômio 15:7,8; Marcos 14:7). Permita que a Sua beleza irradie enquanto você alcança com compaixão aqueles que precisam de suas palavras e ações amorosas. —Roxanne Robbins

leia>

Filipenses 4:10-20

Em Tessalônica, mais de uma vez precisei de auxílio, e vocês o enviaram (v.16).

examine>

Leia o livro de Mateus 25:34-46. De que maneira sua igreja cumpre o papel de ajudar os outros?

considere>

Você e os membros de sua igreja podem ajudar as pessoas carentes em sua comunidade? Os seus atos de bondade e compaixão mudam os outros e você mesmo?

aplicação pessoal>

nenhuma menção

"Eu estou muito feliz porque dormi por aí na minha adolescência e juventude." "A pornografia tornou meu casamento muito melhor." "Deixar meu desejo correr solto tem me aproximado de Deus."

Ok, eu nunca ouvi alguém dizer nada parecido com estas coisas. Depois de ter aconselhado muitos indivíduos e casais ao longo dos anos, o que tenho ouvido é isto: *impureza conduz somente à dor e destruição.*

Deus está bem ciente desse fato. Sua Palavra nos diz para buscarmos mais e mais a pureza e a distância do pecado sexual (1 Tessalonicenses 4:3-7; 1 Coríntios 6:18). O apóstolo Paulo escreveu "...qualquer tipo de imoralidade sexual, indecência ou cobiça não pode ser nem mesmo assunto de conversa entre vocês" (Efésios 5:3-10). Na NIV, este versículo diz: "Entre vocês não deve haver nem sequer *menção* de imoralidade sexual nem de qualquer espécie de impureza nem de cobiça".

Paulo explica que estes pecados não devem ocorrer entre o povo de Deus (v.3), ou entre os seus *santos*. Em vez de viver na escuridão, somos chamados a viver "...como pessoas que pertencem à luz" (v.8). Ao caminharmos em Seus santos caminhos, evitaremos o horror e sofrimento que vem com a impureza, porém, mais importante, faremos "...as coisas que agradam o Senhor" (v.10). Não basta apenas *conhecer* os mandamentos de Deus. Somos chamados a obedecê-los.

Recentemente, estava conversando com alguém cuja dor e remorso por decisões imorais anteriores tinham afetado seus relacionamentos atuais. Pela graça de Deus, ela se arrependeu do seu passado, mas este a assombrava.

Paulo escreveu: "...Que uma pessoa plantar, é isso mesmo que colherá" (Gálatas 6:7). Afastando-se das tentações impuras, você "plantará sementes" que trarão saúde espiritual, glorificarão a Deus e semearão a verdadeira alegria que vem dele.

Lembre-se, ser puro significa "nenhuma menção". —Tom Felten

leia>

Efésios 5:1-10

Vocês fazem parte do povo de Deus; portanto, qualquer tipo de imoralidade sexual, indecência ou cobiça não pode ser nem mesmo assunto de conversa entre vocês (v.3).

examine>

Considere com cuidado as palavras de Paulo no livro de 1 Coríntios 3:16. Reflita sobre como a impureza o devasta espiritualmente.

considere>

Você precisa se arrepender de alguma impureza? Por que uma escolha impura muitas vezes leva a outras?

aplicação pessoal>

amigos corajosos e fiéis

Quando os moradores ouviram que Jesus voltara de Sua viagem de Cafarnaum, correram para onde Ele estava hospedado (provavelmente na casa de Pedro) e se juntaram ao redor dela. Muitas pessoas lotaram a casa e não havia qualquer maneira de um paralítico, trazido à porta por seus amigos preocupados, entrar. Mas seus amigos não se sentiram impedidos, e planejaram algo perigoso e nada convencional.

Levantaram o amigo paralítico, arrastaram-no pela escada lateral até o telhado, romperam a vedação de barro e rasgaram a cobertura de palha. A seguir, fizeram um buraco grande para que pudessem descer o amigo por ali. Eles vandalizaram a casa de Pedro! Quando o Mestre viu a fé radical deles, deu-lhes *mais* do que foram conseguir: Ele reconheceu primeiramente as necessidades espirituais do homem, e depois o curou fisicamente (Marcos 2:5,11,12).

Às vezes, simplesmente não podemos ir mais longe na vida ou nos aprofundarmos na fé por nós mesmos. Há momentos que precisamos de outros para nos levar com coragem a Jesus.

"Lembro-me quando escrevi meu livro sobre a oração", disse-me o autor Richard Foster durante uma entrevista de rádio. "Quando terminei, eu não queria orar. Na verdade, eu nem *gostava* de oração!" Ele estava esgotado e espiritualmente seco. O grupo de oração semanal de Richard veio logo e ele compartilhou sua situação. Revelou sua falta de oração para seus quatro amigos e esperou que eles reagissem. "Não achamos que você deveria orar agora", disseram-lhe, "nós oraremos em seu lugar." Não demorou muito para que Richard orasse novamente por si mesmo.

Assim como o homem paralítico e como Richard Foster, precisamos de amigos ousados e fiéis. Agradeço a Deus por aqueles que me levaram a Jesus e fizeram a oração que eu não pude fazer por mim mesmo.
—Sheridan Voysey

leia›

Marcos 2:1-12

mas, por causa de toda aquela gente, eles não puderam levá-lo até perto de Jesus. Então fizeram um buraco no telhado da casa, em cima do lugar onde Jesus estava, e pela abertura desceram o doente deitado na sua cama (v.4).

examine›

Veja nos livros de Mateus 8:5-13; Marcos 5:21-43 e Atos 9:36-42 mais exemplos de pessoas cuja fé afetou a vida de outros.

considere›

Que amigos fiéis aproximam você de Jesus quando você está fraco? A quem você poderia mostrar esse tipo de amizade?

aplicação pessoal›

figuras de linguagem

A Bíblia retrata várias figuras de linguagem para descrever o nosso relacionamento com Deus. Vejamos como elas revelam as incríveis maneiras como o Senhor nos permitiu nos relacionarmos com Ele.

Na parábola sobre o *oleiro* e o *barro* (Isaías 29:16), o barro é apenas um objeto inanimado que é moldado pela mão do oleiro. Não ilustra uma relação de profundidade. Mas mostra claramente que nossas vidas estão nas mãos soberanas de Deus. Na história do *mestre* e do *servo* (Lucas 19:11-26), encontramos uma hierarquia de autoridade. Infelizmente, muitos cristãos veem seu relacionamento com Deus apenas como servos obedientes. Felizmente, o nosso relacionamento com Ele significa mais do que isso. A Bíblia diz que Ele é nosso Pai e que somos Seus filhos (1 João 3:1). E sermos Seus filhos ou filhas nos dá acesso a mais privilégios do que sendo servos.

Na parábola do *pastor* e das *ovelhas* (João 10:1-16), vemos que Jesus nos conhece e que Ele, com sacrifício, se importou conosco. Ele disse: "Eu sou o bom pastor. Assim como o Pai me conhece, e eu conheço o Pai, assim também conheço as minhas ovelhas, e elas me conhecem. E estou pronto para morrer por elas" (vv.14,15).

A Bíblia também nos chama de "amigos de Deus" (Romanos 5:11). Ela nos descreve como Seus companheiros próximos, que estão informados e intimamente envolvidos nos detalhes de Seus assuntos importantes (João 15:15). E todos os cristãos são descritos como a noiva de Cristo (Apocalipse 19:6-8). Compartilhamos uma relação de amor e intimidade com Deus, que se assemelha a de um casal. O que pode ser mais pessoal do que isso?

Todas estas figuras de linguagem nos mostram pontos de vista específicos sobre a forma como nos relacionamos com Deus. Como seu relacionamento com Ele se parece? —Jeff Olson

leia>

Gálatas 4:1-7

Assim vocês não são mais escravos; vocês são filhos. E, já que são filhos, Deus lhes dará tudo o que ele tem para dar aos seus filhos (v.7).

examine>

Note como Paulo quer que seus leitores esqueçam o passado, em que se viam apenas como servos, e passem a a se enxergar como filhos e filhas de Deus (Gálatas 4:7).

considere>

Você se questiona se está perdendo a oportunidade de relacionar-se mais profundamente com Deus? É possível aprofundá-lo nesta semana?

aplicação pessoal>

ganhando força

Após mais de 20 anos na pastoral da juventude, o meu marido já teve a sua cota de acidentes no trabalho.

Mais recentemente, ele estava envolvido em um jogo ao ar livre quando torceu o pé. Jogando com dores, admitiu a lesão somente depois de vencer o jogo. Ele saiu mancando até um lugar próximo para se sentar e retirar cuidadosamente a meia, só para ver o tornozelo rapidamente inchar além do tamanho de uma laranja. Durante o caminho para o hospital, viu-se que o tornozelo não estava quebrado, mas logo percebeu que levaria tempo até seu pé suportar seu peso mais uma vez.

A dor muitas vezes serve como um lembrete de nossas limitações. Para aqueles que se orgulham de sua independência e se sentem mais confortáveis quando estão no controle, não gostam quando a dor os lembra que são vulneráveis. Em vez de admitirem suas necessidades, "brincam com a dor". Se não se convencerem, asseguram aos outros que podem lidar com tudo o que vier. Ninguém gosta de se sentir fraco.

O ponto crucial do evangelho, no entanto, reside na nossa necessidade desesperada e na insuficiência de recursos próprios. O orgulho nos impede de admitir nossas necessidades, e muito mais ainda de admitir nossas falhas. Mas até estarmos dispostos a lidar com essas coisas, nós nos desligamos da plenitude do poder de Cristo em nossas vidas.

Força para o cristão parece muito diferente do que o mundo professa. Jesus "...abriu mão de tudo o que era seu e tomou a natureza de servo, tornando-se assim igual aos seres humanos... (Filipenses 2:7), na maior demonstração de poder que o céu já testemunhou (2 Coríntios 13:4). Ganhamos força quando vemos as dificuldades e as nossas fraquezas, como um meio de Seu poder estar em ação em nós (12:9,10).

É a diferença entre mancar e correr (Isaías 40:29-31). —Regina Franklin

leia>

2 Coríntios 12:1-10

...A minha graça é tudo o que você precisa, pois o meu poder é mais forte quando você está fraco... (v.9).

examine>

Leia o livro de Isaías 35 para descobrir por que podemos nos alegrar, mesmo ao reconhecermos as nossas próprias falhas.

considere>

De que maneira a definição da palavra força difere da definição encontrada na Palavra de Deus? Em quais áreas você concentrou-se numa ferida antiga ao invés de admitir sua fraqueza e dor para o Senhor?

aplicação pessoal>

amor estranho

Por muitos anos, viajei para diferentes cidades para ensinar a Palavra de Deus. Normalmente, eu ficava na casa de uma família da igreja local durante a minha visita. Oferecendo-me conforto, essas pessoas hospitaleiras me deram "uma casa longe de casa." Eu sempre me maravilhei por meus anfitriões se arriscarem convidando um completo estranho para participar de suas vidas.

Incentivando os cristãos que estavam sofrendo por causa da perseguição (1 Pedro 1:6; 4:12), Pedro lembrou seus leitores de coisas que estão "acima de tudo" (v.8). Ele encorajou os cristãos: "...amem sinceramente uns aos outros..." (v.8), perdoem-se incondicionalmente; sejam hospitaleiros (v.9); e diligentes ao usar seus dons espirituais para servir uns aos outros (v.10). Ele os instou a deliberadamente glorificar a Deus em tudo que fizessem (v.11).

Acolhendo-me em suas casas, os cristãos fizeram mais do que apenas me mostrar o amor de Jesus. Eles obedeceram a ordem para serem hospitaleiros, sem murmuração (1 Pedro 4:9). A palavra *hospitalidade*, em grego, significa literalmente "ser amigável com estranhos". Pedro exortou os cristãos a fornecer alimentação e hospedagem para viajantes professores da Bíblia e para os cristãos que tinham sido deslocados pela perseguição.

Duas vezes no livro de Hebreus somos lembrados para sermos hospitaleiros, o que sugere que a hospitalidade é muitas vezes negligenciada. "Não deixem de receber bem aqueles que vêm à casa de vocês..." (Hebreus 13:2) e "Não deixem de fazer o bem e de ajudar uns aos outros, pois são esses os sacrifícios que agradam a Deus" (13:16), "...em tudo Deus seja louvado..." (1 Pedro 4:11). —K. T. Sim

leia>

1 Pedro 4:7-11

Continuem a amar uns aos outros como irmãos em Cristo. Não deixem de receber bem a queles que vêm à casa de vocês...
(Hebreus 13:1,2).

examine>

Paulo listou hospitalidade como uma qualificação para a liderança espiritual (1 Timóteo 3:2; Tito 1:8). Por que ela é um pré-requisito necessário para os líderes?

considere>

Quais são algumas maneiras de você praticar a hospitalidade hoje? Você consideraria abrir sua casa a um visitante cristão? Sim ou não? Por quê?

aplicação pessoal>

happy hour

Paul Sneddon fez uma curva muito rápida e, batendo numa barreira de madeira, capotou seu carro. Quando percebeu que não havia maneira de sair dos destroços, abriu uma cerveja e bebeu enquanto esperava para ser resgatado. Mais tarde, admitiu que, no momento do acidente, "tinha bebido durante quatro dias seguidos."

A embriaguez do motorista causou o acidente, e mesmo assim ele fez daquele momento uma *happy hour*! A situação me lembrou do provérbio que afirma que é insensato o "tolo que faz uma tolice pela segunda vez..." (Provérbios 26:11).

Logo, como podemos evitar o comportamento insensato associado ao álcool? Salomão emitiu a seguinte advertência: "Não fique olhando para o vinho que brilha no copo, com a sua cor vermelha, e desce suavemente" (23:31). Beber pode ser atrativo, mas no final o álcool "...morde como uma cobra venenosa" (v.32).

Devido à sua natureza enganosa, podemos ter problemas com bebida antes de perceber o que está acontecendo. Um gole geralmente leva a vários, o que pode provocar a embriaguez. A Bíblia nos adverte: "Não se embriaguem, pois a bebida levará vocês à desgraça..." (Efésios 5:18).

Quando abrimos a porta para a embriaguez, corremos o risco de deixá-la ser um estilo de vida. No começo, tomar todas é raro, então é de vez em quando. Logo, pode tornar-se tão frequente que cada *happy hour* termina abraçando o vaso sanitário. É possível tornar-se um beberrão como em Provérbios que adormece pensando: "...Por que não consigo levantar? Preciso de mais um gole" (23:35).

"*Happy hour,* ressaca, sobriedade, preciso achar uma bebida"; Deus não quer que vivamos neste ciclo de escravidão. Ele nos deu avisos suficientes, mas temos de fazer a nossa parte e manter distância do efeito devastador do álcool. —Jennifer Benson Schuldt

leia>

Provérbios 23:29-35

...Por que não consigo levantar? Preciso de mais um gole (v.35).

examine>

Leia o livro de 2 Pedro 2:19-22 para ver por que os cristãos devem evitar emaranhar-se no pecado que escraviza.

considere>

O álcool o atrai? O que mais o incita a entrar num ciclo de pecado? O que você pode fazer para evitar o vício e o comportamento insensato?

aplicação pessoal>

uma música que vem

O vocalista de uma banda de *heavy metal*, afirma que sua banda não "toma partido" em religião, uma abordagem interessante para lidar com as questões relevantes a todos: existe um Deus? *E se existir, qual é nossa resposta à Sua realidade?*

Apesar da rejeição às coisas religiosas, o nome dessa banda *Avenged Sevenfold* (sete vezes vingado) refere-se ao relato bíblico do primeiro assassinato. Caim, matou seu irmão (Gênesis 4:1-8). Deus confrontou-o, mas lhe prometeu proteção. "...se alguém matar você, serão mortas sete pessoas da família dele, como vingança" (v.15).

Seis gerações após Caim, Lameque gerou o primeiro músico conhecido, Jubal (Gênesis 4:21) e também recitou o primeiro poema escrito na Bíblia, o qual celebra o assassinato. Na arrogante defesa de suas ações, Lameque faz alusão à proteção divina a Caim. "Se são mortas sete pessoas para pagar pela morte de Caim, então, se alguém me matar, serão mortas setenta e sete pessoas da família do assassino" (v.24).

É irônico, quando Pedro pergunta a Jesus quantas vezes ele deveria perdoar alguém. Jesus respondeu: "Setenta vezes sete" (Mateus 18:22). E Paulo escreveu "...nunca se vinguem de ninguém; pelo contrário, deixem que seja Deus quem dê o castigo. Pois as Escrituras Sagradas dizem: "...Eu me vingarei, eu acertarei contas com eles, diz o Senhor" (Romanos 12:19).

A vingança é a escolha do mundo, e surge de nosso sentimento de que o mundo não está certo. A vingança é combustível de guerras, e as mantém. Jamais podemos consertar algo errado por nós mesmos. Nossos esforços são sempre inadequados, sempre condenados à futilidade. Precisamos da intervenção divina. Felizmente, Deus a oferece.

"Quanto tempo para cantar esta canção?" Bono questiona na música "40", do U2. E então ele entoa a resposta promissora: "Ele me ensinou a cantar uma nova canção..." (Salmo 40:3). A última canção não é nada como o primeiro poema. Há uma canção ainda melhor por vir. —Tim Gustafson

leia›

Gênesis 4:17-24

Se pecar contra você sete vezes num dia e cada vez vier e disser: "Me arrependo", então perdoe (Lucas 17:4).

examine›

O livro de Mateus 18:21,22 revela o padrão de Jesus para o perdão. De que maneira Lucas 17:1-4 reflete isto? A leitura cuidadosa desta passagem demonstra que somos obrigados a perdoar incondicionalmente?

considere›

Qual a sua reação quando você é injustiçado? Existe alguém que você não esteja disposto a perdoar?

aplicação pessoal›

que diferença

A sabedoria convencional diz que as religiões do mundo divergem nos detalhes, mas são fundamentalmente iguais. Elas colocam seus seguidores em contato com o divino e ensinam variações da regra de ouro: *faça aos outros o que você quer que eles façam a você*. Então, em vez de lutar por nossas diferenças, as pessoas religiosas deveriam reconhecer que nossos ideais morais compartilhados significam que realmente acreditamos na mesma coisa.

O ator Will Smith transmitiu este sentimento popular quando disse: "Minha avó me criou para ser um 'certinho' na igreja, que era fazer o que pudesse para ajudar a sua comunidade. Então qualquer religião faz isso [...] é legal porque o resultado final é o mesmo".

Por mais atraente que essa afirmação pareça, ela interpreta mal a essência da fé cristã. O cristianismo inclui princípios racionais e morais; o livro de Provérbios está cheio deles, mas eles não são o fundamento da nossa fé. O cristianismo é uma fé histórica, o que significa que ela é o que realmente aconteceu no tempo e no espaço. Deus não precisou criar o mundo, *Ele optou por isso*. Depois que nos rebelamos, Deus não tinha que salvar o mundo, *Ele optou em salvá-lo*. Sendo a criação e a redenção atos da vontade de Deus, não podemos questionar.

A fé cristã não é um conjunto de princípios morais, racionais e atemporais que uma pessoa pode descobrir se for inteligente e tiver tempo suficiente. *É o que Deus tem feito* no tempo e no espaço. É Jesus, o Verbo que se fez carne (João 1:14) que "...morreu pelos nossos pecados, [...] ele foi sepultado e, no terceiro dia, foi ressuscitado..." (1 Coríntios 15:3,4).

Agradeça a Deus pelos princípios morais encontrados em outras religiões, mas nunca se esqueça que a diferença fundamental é Jesus.

—Mike Wittmer

leia›

1 João 1

Estamos escrevendo a vocês a respeito da Palavra da vida, que existiu desde a criação do mundo. Nós a ouvimos e com os nossos próprios olhos a vimos. De fato, nós a vimos, e as nossas mãos tocaram nela (v.1).

examine›

Leia o livro de 1 Crônicas 16:7-26 para ver como Davi usou as ações de Deus na história para distinguir o Deus verdadeiro dos falsos deuses de outras religiões.

considere›

Como podemos apreciar o bem em outras religiões sem comprometer a diferença entre elas? De que outras formas o cristianismo é original?

aplicação pessoal›

google e graça

"Por meio da Internet se deu a conexão entre todos os homens. Ela nos ensina a dizer sim ao *YouTube* e *Facebook*, e a viver neste presente século sendo indulgentes e imediatistas, enquanto esperamos pelo abençoado 'som' que mostra que alguém nos procura *on-line*."

Quando um amigo criou esta citação, substituindo algumas palavras de Tito 2:12,13, e compartilhou conosco, ele nos fez rir! No entanto, após o riso, nos lembramos de uma realidade preocupante: essa *não* é a maneira que devemos viver. Em vez disso, a Palavra de Deus afirma: "...renegadas a impiedade e as paixões mundanas, vivamos, no presente século, sensata, justa e piedosamente, aguardando a bendita esperança e a manifestação da glória do nosso grande Deus e Salvador Cristo Jesus" (ARA).

Como cristãos, devemos ser pessoas instruídas pela graça de Deus, e não pelo *Google*. O livro de Tito 2:12 ensina que a graça de Deus em Cristo é a verdadeira base da instrução e da motivação para a vida cristã.

Pela graça de Deus, Jesus tomou a nossa pena e morreu por nossos pecados. Ele morreu para que pudéssemos nos tornar as pessoas que Deus quer que sejamos (v.14). A cruz é um testemunho do fato de que a graça divina pode mudar os nossos corações, não importa o que tenhamos feito. Também nos lembra de que nunca somos bons o bastante para não precisarmos dela.

A graça de Deus nos desafia a transformar as coisas erradas da vida em obediência e em algo certo. Significa mais do que "favor imerecido". Porque não é só um favor imerecido ter a vida de Deus em nós; com isso, também experimentamos a força imerecida para viver de maneira que o agrademos. —Poh Fang Chia

leia>

Tito 2:11-14

...vivamos, no presente século, sensata, justa e piedosamente (v.12 ARA).

examine>

Leia o livro de 1 Coríntios 15:10 para ver o impacto que a graça de Deus tinha sobre a vida do apóstolo Paulo.

considere>

Onde você encontra instruções para a vida: na graça de Deus ou no *Google*? De que maneira você reage à Sua graça?

aplicação pessoal>

um amigo na escuridão

O *Gap*, um imponente e irregular penhasco perto do porto de Sydney, Austrália, tem a fama de ser um local onde muitas pessoas cometem suicídio. Um convite gentil de um estranho: "Por que você não vem e toma uma xícara de chá?", no entanto, tem impedido inúmeras tentativas. Don Ritchie mora em frente do *Gap* há mais de 50 anos, observando as pessoas e convencendo-as a desistir do suicídio. Ele não faz nada de especial. Simplesmente sorri, puxa conversa, e os convida a se juntarem a ele para um chá em sua casa. Às vezes, nos nossos lugares mais escuros, precisamos apenas da presença de um amigo.

No relato de Mateus sobre a crucificação de Jesus, o apóstolo tem o cuidado de descrever a escuridão profunda que se espalhou pelo céu, envolvendo a cruz em trevas sinistras (Mateus 27:45). Enquanto Jesus sofria durante suas últimas e extenuantes horas, o sol foi encoberto pela escuridão. Era como se aquele acontecimento horrível drenasse cada pedaço de luz do mundo. Mas a escuridão iria piorar.

Enquanto Jesus suspirava, gritou palavras que carregam mais dor do que todos os espancamentos, pregos e zombaria juntos. Jesus exclamou: "...Meu Deus, meu Deus, por que me abandonaste?" (v.46). O Credo Apostólico diz que após morte de Jesus, Ele desceu à escuridão do inferno. No entanto, Jesus experimentou o lugar mais escuro que se possa imaginar, muito antes disso. Ele experimentou solidão total, completo abandono, quando o Pai o deixou.

Todos nós somos pessoas feridas, presas em lugares escuros de medo, desconfiança e solidão. Para que Jesus trouxesse Deus a nós, teve que sofrer o quebrantamento e suportar a escuridão. Agora nunca estamos sozinhos. Jesus é o amigo que nos socorre hoje e sempre.
—Winn Collier

leia>

Mateus 27:45-55

Ao meio-dia começou a escurecer, e toda a terra ficou três horas na escuridão (v.45).

examine>

Leia o Salmo 139:1-12. Liste todos os lugares que o salmista menciona. Onde está Deus em cada um deles? Observe particularmente o versículo 12. Como Deus interage com as trevas?

considere>

Qual é o lugar mais escuro em sua vida agora? Como Jesus muda sua perspectiva?

aplicação pessoal>

humilhado

Tânia é uma amiga de muitos líderes mundiais e celebridades. Faz dez anos que a conheço e nunca a vi se gabando sobre suas associações com os ricos e famosos.

Uma vez, perguntei-lhe se nunca sentira vontade de mencionar o nome de alguém famoso para "aparecer". Ela respondeu: "Eu costumava mencionar as pessoas que eu conheço, mas depois que li que era errado se vangloriar de algo, exceto no Senhor, parei."

Admiro como, naquele exato momento, Tânia citou o versículo de 1 Coríntios 1:31, que diz: "...Quem quiser se orgulhar, que se orgulhe daquilo que o Senhor faz"

Se você, como eu, luta para, obedientemente, abrir mão do orgulho em certas áreas, por favor, me acompanhe ao considerar os seguintes versículos:

"Temer o SENHOR Deus é odiar o mal. Eu odeio o orgulho e a falta de modéstia..." (Provérbios 8:13).

"O orgulhoso será logo humilhado; mas com os humildes está a sabedoria" (11:2).

"O orgulho só traz brigas; é mais sábio pedir conselhos (13:10).

"O orgulho leva a pessoa à destruição, e a vaidade faz cair na desgraça" (16:18).

"...Eu moro num lugar alto e sagrado, mas moro também com os humildes e os aflitos, para dar esperança aos humildes e aos aflitos, novas forças" (Isaías 57:15).

Em seu livro *Liberte-se* (ed. Bom Pastor, 2007), a professora de ensino da Bíblia, Beth Moore escreve: "Muitas vezes, a nossa sociedade insulta a humildade bíblica, como um sinal de fraqueza doentia. Nada poderia estar mais longe da verdade. Ser cheio de orgulho é fácil. Ele vem naturalmente. A humildade tem um suprimento de força sobrenatural que vem apenas para aqueles que são fortes o suficiente para admitir a fraqueza."

É quando nós nos humilhamos "...debaixo da poderosa mão de Deus..." (1 Pedro 5:6). —Roxanne Robbins

leia›

Tiago 4:1-10

...Deus é contra os orgulhosos, mas é bondoso com os humildes... (v.6).

examine›

O que Deus faz quando nos arrependemos de nosso orgulho, de acordo com os livros de Isaías 57:15 e 1 João 1:9?

considere›

Humilhe-se perante o Senhor investindo tempo de joelhos em oração. Por que a humildade é vital no seu relacionamento com Deus e com os outros?

aplicação pessoal›

proteger a vida

Russell Turnbull estava num ônibus uma noite, quando uma briga começou. Ele tentou intervir, mas alguém jogou amônia em seu olho direito. Ela corroeu sua córnea, causando a ele a perda de vista e uma dor crônica. Um médico foi capaz de cortar uma pequena parte da outra córnea de Turnbull e utilizar células-tronco adultas para corrigir a danificada. "A operação foi um sucesso e agora tenho a minha visão de volta", disse Turnbull.

Os avanços da medicina e milagres alcançados através da utilização de células-tronco adultas é notável. Infelizmente, alguns cientistas continuam trabalhando com o uso improdutivo de células-tronco embrionárias. Estas células podem ser obtidas apenas através da destruição de embriões humanos... da destruição de *vida*.

Há muitos versículos da Palavra de Deus que fornecem informações sobre as implicações morais e éticas da destruição de embriões: "Assim Deus criou os seres humanos; ele os criou parecidos com Deus..." (Gênesis 1:27), "Tu criaste cada parte do meu corpo; tu me formaste na barriga da minha mãe" (Salmos 139:13), "Quando eu ainda não havia nascido, o SENHOR me escolheu..." (Isaías 49:5).

O profeta Jeremias recebeu esta mensagem de Deus: Antes do seu nascimento, quando você ainda estava na barriga da sua mãe, eu o escolhi... (1:5). O próprio Deus afirmou que os embriões são Sua preciosa obra viva. Destruí-los vai contra Deus e seus mandamentos sagrados (Êxodo 20:13).

Como cristãos, devemos nos opor fortemente à pesquisa com células-tronco embrionárias. É desnecessária graças à utilização bem sucedida de células-tronco adultas. E ao levantarmos nossas vozes em oposição, podemos levar estas palavras de Deus no coração: "Não tenha medo de ninguém, pois eu estarei com você para protegê-lo. Sou eu, o SENHOR, quem está falando" (Jeremias 1:8).

Vamos ajudar a proteger a vida humana, mesmo nas suas menores formas. —Tom Felten

leia>

Jeremias 1:1-8

Antes do seu nascimento, quando você ainda estava na barriga da sua mãe, eu o escolhi (v.5).

examine>

No livro de Eclesiastes 11:5, vemos o envolvimento de Deus na criação da vida humana e da natureza. Como isto deveria afetar nosso ponto de vista sobre a destruição proposital de embriões.

considere>

O uso de células-tronco embrionárias destrói algo mais do que a vida? É possível fazer algo para impedir o seu uso?

aplicação pessoal>

espaços sagrados

O portão tradicional japonês, *torii*, normalmente vermelho brilhante é encontrado na entrada dos santuários xintoístas e templos budistas. Os adeptos dessas religiões acreditam que este é o ponto onde se deixa o mundo secular ao entrar no santo. Na costa da ilha de Miyajima em Hiroshima, Japão, há um *torii*, onde os visitantes são informados sobre o espaço "sagrado".

Na maioria das religiões, os locais sagrados são comuns. Hindus caminham para Varanasi, às margens do Rio Ganges; Neopagãos vão à Stonehenge. Um espaço sagrado é o lugar onde um poder divino ou espiritual é considerado extraordinariamente presente.

Para os gregos de Atenas, o apóstolo Paulo estava em solo sagrado enquanto falava no Areópago. O monte também está a poucos metros de distância do Partenon, o templo da deusa Atena. Entre uma infinidade de deuses, Paulo aproveitou uma oportunidade para falar de outro deus, um Deus "desconhecido" (Atos 17:23).

Este Deus, Paulo explicou, foi Criador e Senhor de todo mundo, em vez de ser criador somente de partes dele, como os deuses gregos (v.24). Os deuses da Grécia tinha poderes limitados, mas este Deus controlava o destino de cada indivíduo no planeta (vv.25,26). Os deuses da Grécia tinham esferas limitadas de influência, mas Deus estava literalmente em todo lugar (v.27).

A mensagem de Paulo é importante para todos os cristãos, pois temos nossa própria versão do espaço sagrado: o santuário da igreja. "Encontramos" Deus lá no domingo pela manhã e, em seguida, voltamos ao mundo "secular" na segunda-feira. Mas se o único e verdadeiro Deus está presente em todos os lugares, então todos os lugares são espaços sagrados.

E isso faz do seu local de trabalho, universidade e casa um local de adoração também. —Sheridan Voysey

leia>

Atos 17:16-34

...para que todos pudessem procurá-lo e talvez encontrá-lo, embora ele não esteja longe de cada um de nós. Porque, como alguém disse: "Nele vivemos, nos movemos e existimos..." (vv.27,28).

examine>

Leia os livros de 1 Reis 8:27; Salmo 139:7-10; Jeremias 23:23,24 e Hebreus 4:13 para mais referências da onipresença de Deus.

considere>

Não há nada de errado em ter um lugar especial onde você gosta de orar. Mas em sua mente, qual é a diferença entre este lugar e um santuário japonês?

aplicação pessoal>

au! au!

Um provérbio do Antigo Testamento diz: "O tolo que faz uma tolice pela segunda vez é como um cachorro que volta ao seu vômito" (Provérbios 26:11). E serei o primeiro a dizer: "au! au!" Mais do que eu gostaria de admitir, eu me deleito, de modo tolo, no meu próprio vômito pecaminoso, falando de maneira figurativa. E ele sempre me deixa e aos outros com dor de estômago.

Qual é o problema? Por que eu continuo voltando?

Aparentemente, não sou o único perplexo com este problema. Falando sobre suas lutas pessoais com o pecado, o apóstolo Paulo escreveu: "Eu não entendo o que faço, pois não faço o que gostaria de fazer. Pelo contrário, faço justamente aquilo que odeio" (Romanos 7:15). Paulo continua: "Assim eu sei que o que acontece comigo é isto: quando quero fazer o que é bom, só consigo fazer o que é mau. Dentro de mim eu sei que gosto da lei de Deus. Mas vejo uma lei diferente agindo naquilo que faço, uma lei que luta contra aquela que a minha mente aprova. Ela me torna prisioneiro da lei do pecado que age no meu corpo" (vv.21-23).

Ao lutarmos com o retorno à nossa tolice, vamos admitir que os cristãos ainda são propensos ao pecado. Recusar-se a reconhecer isto é simplesmente outra forma de tolice. O apóstolo João escreveu: "Se dizemos que não temos pecados, estamos nos enganando, e não há verdade em nós" (1 João 1:8).

Assim, a verdade é esta: o pecado é uma realidade feia da vida num mundo despedaçado. A vantagem é que não temos mais que ser dominados por ele. Há uma resposta! (Romanos 7:25).

Paulo também disse que por meio do nosso relacionamento com Jesus e tornando-se mais quem Ele quer que sejamos, podemos obter a vitória sobre o pecado e suas tentativas de controlar nossas vidas. —Jeff Olson

leia>

Romanos 7:14-25

O que aconteceu a essas pessoas prova que são verdadeiros estes ditados: "O cachorro volta ao seu próprio vômito" e "A porca lavada volta a rolar na lama" (2 Pedro 2:22).

examine>

O perdão de Deus é outra resposta para o pecado em nossa vida. vidas. Confira no livro de 1 João 1:9.

considere>

Para onde você tende a voltar de forma tola? O que você pode fazer para não repetir os mesmos pecados várias vezes?

aplicação pessoal>

mediador

Frequentemente tenho a oportunidade de servir em negociações de alto risco na prevenção de "disputas infantis". Com quase três anos de diferença na idade, os meus filhos são tão diferentes quanto a noite e o dia. Embora as coisas possam mudar a qualquer momento, às vezes eles brincam muito bem juntos. Mas quando discordam, leva um tempo até descobrirem que há outra solução além da deles. Como amo os dois — e ambos se parecem comigo, não gosto de suas palavras ofensivas.

No corpo de Cristo, por vezes, não pensamos duas vezes antes de detonar outros irmãos. Quer seja alguém de nossa igreja local que nos frustrou ou outros cristãos com pontos de vistas diferentes, somos rápidos em construir barreiras. Infelizmente, muitas igrejas contam suas histórias a partir de divisões.

Como um pai que media a luta entre duas crianças brigando, o Espírito Santo se entristece quando falamos palavras duras e críticas sobre outros cristãos. Enquanto há data e local para denunciar os que trazem uma falsa doutrina da salvação (Romanos 16:17,18; Filipenses 3:2; 2 Timóteo 3:1-7), e apesar de nossas divergências com os outros aguçarem nossa compreensão da Palavra, a nossa avaliação da doutrina dos outros deve ser firmemente baseada na Palavra e não em nossa experiência pessoal ou preferência.

Sem Cristo, todos somos acusados (Efésios 2:3). Nós não ganhamos Seu favor nem a nossa salvação. E nele não há distinção entre denominações, herança familiar ou estrutura litúrgica (Gálatas 3:28).

Quando se trata de superar as diferenças no corpo de Cristo, Jesus é nosso Mediador, e encontramos pontos em comum por meio do Seu Espírito (1 Coríntios 12:3-6,12,13). Afinal, Ele está voltando por uma noiva completa, e não por uma coleção de partes do corpo.

—Regina Franklin

leia>

Efésios 2:1-22

Ele mantém o edifício todo bem firme e faz com que cresça como um templo dedicado ao Senhor (v.21).

examine>

Leia os livros de João 13:34,35 e Gálatas 6:10 para ver o que a Palavra de Deus nos diz sobre como devemos interagir dentro do corpo de Cristo.

considere>

De que forma você minimizou a importância de outras igrejas em sua região? Você pode mudar a maneira de falar de outros cristãos?

aplicação pessoal>

a bênção

Em muitas igrejas, como parte da liturgia, o pastor termina o culto com uma bênção (o pronunciamento), invocando a ajuda e as bênçãos de Deus sobre os adoradores.

Há muitas bênçãos na Bíblia (Salmo 121:7,8; Romanos 15:13; 2 Coríntios 13:14; Efésios 3:20,21; Judas 1:24,25). Uma das mais famosas bênçãos bíblicas foi usada no filme *Impacto Profundo*. Antes do grande cometa cair na terra, o presidente norte-americano disse: "Que o SENHOR os abençoe e os guarde; que o SENHOR os trate com bondade e misericórdia; que o SENHOR olhe para vocês com amor e lhes dê a paz" (Números 6:24-26).

Enquanto vagavam pelo deserto, os israelitas sabiam que não iriam chegar à Terra Prometida sem a ajuda de Deus. Eles esperavam do Senhor as provisões para as necessidades básicas de comida, água e proteção. A repetição do nome da aliança de Deus, "o Senhor" (*Yahweh*), foi um lembrete do envolvimento fiel de Deus em suas vidas. Esta bênção nos lembra de que, enquanto caminhamos por este mundo perigoso e mal, também não sobreviveríamos sem o Seu favor, graça e misericórdia.

Em seu livro *Bless You* (Deus te abençoe), o professor de ensino da Bíblia, Warren Wiersbe, escreveu sobre o livro de Números 6:24-26: "Esta bênção pode ser a mais citada de todas elas. Embora a bênção fosse destinada a Israel como povo de Deus, os seis pronomes pessoais utilizados estão todos no singular, indicando que a bênção de Deus é para o indivíduo."

A próxima vez que você ouvir um pastor pronunciar esta bênção no final de um culto, lembre-se que é uma petição em seu favor, pedindo e afirmando que o próprio Deus proverá e protegerá você (v.24), assegurando-o de Sua presença (vv.25,26), perdão (v.25) e paz (v.26).

—K. T. Sim

leia>

Números 6:22-27

O SENHOR te abençoe e te guarde; o SENHOR faça resplandecer o rosto sobre ti e tenha misericórdia de ti; o SENHOR sobre ti levante o rosto e te dê a paz (vv.24-26).

examine>

O que as bênçãos bíblicas nos livros de Efésios 3:20,21; Judas 1:24,25 e Hebreus 13:20,21 dizem sobre Deus e você?

considere>

Os cristãos de hoje levam as bênçãos a sério? O que se pede no livro de Números 6:24-26? De que maneira essa bênção é significativa para você?

aplicação pessoal>

convite divino

Recebemos um convite com a foto de um garoto usando óculos de sol engraçados. O sorriso dele ia de orelha a orelha. Ele era colega do meu filho, e o texto dizia: "Por favor, junte-se a nós para o primeiro aniversário do Daniel". Quando eu olhava o convite, sentia alegria. Recentemente, tive a mesma resposta emocionante quando li uma série de convites divinos de Jesus, que repetidamente convidou as pessoas a terem fé nele.

O primeiro convite para confiar nele veio depois de uma terrível tempestade no mar. Você deve se lembrar de como Jesus acalmou o caos. Mas, então, Jesus perguntou aos discípulos: "...Onde está a vossa fé?..." (Lucas 8:25). Incorporado em Sua pergunta estava este convite: *tenham fé em mim. Eu sou mais poderoso do que a tempestade feroz ao seu redor.*

Alguns versos depois, uma mulher que lutava com uma doença incurável havia mais de uma década se atreveu a encostar os dedos no manto de Jesus. Instantaneamente, a doença desapareceu. A reação de Jesus? "...Minha filha, você sarou porque teve fé!..." (v.48). Que convite encorajador para os espectadores: *tenham fé em mim. Eu posso mudar as situações em que não se enxerga esperança há muito tempo.*

No momento daquela cura surpreendente, um homem chamado Jairo soube que sua filha tinha acabado de morrer. Ele queria que Jesus a curasse, mas o tempo havia se esgotado. Quando Jesus soube o que tinha acontecido, disse a Jairo: "...Não tenha medo; tenha fé, e ela ficará boa" (v.50). Em essência: *tenham fé em mim, Eu tenho poder sobre a vida e a morte.*

Séculos mais tarde, o convite divino de Jesus se estende a você e a mim. Você está vivendo no caos? Está sem esperança? Andando na linha entre a vida e a morte? Firme sua fé na Sua capacidade de ajudá-lo, simplesmente dizendo a Ele: "Eu confio em Você". —Jennifer Benson Schuldt

leia>

Lucas 8:22-56

...Por acaso vocês não têm fé?... (v.25).

examine>

Leia o livro de Hebreus 11:32-40 para saber o que a fé pode realizar na vida de um cristão. Leia também o livro de 1 Pedro 1:6,7 para aprender sobre a relação entre fé e provações.

considere>

Quais os inimigos da fé? É difícil confiar em Jesus nas "pequenas coisas", mesmo que já tenhamos confiado nele para cuidar de nossas almas na eternidade?

aplicação pessoal>

aqui está uma gorjeta

"Os cristãos dão boas gorjetas depois do culto?", perguntei à garçonete. Nem eu nem ela fomos sutis. "Muito pouco!", ela respondeu. "Nenhum de nós quer trabalhar no horário após o culto."

Esse diálogo me ajudou a entender o comentário de meu pastor após um culto. 'Você está entrando agora no campo missionário", ele nos lembrou. "Você está representando Jesus. Se você sair para comer, dê gorjetas generosas."

Em muitas culturas, a gorjeta é uma tradição que demonstra apreço por um serviço prestado. Mas, no meu país, dar gorjetas em restaurantes não é apenas um gesto agradável, é como o garçom ou garçonete ganha o seu pão! No entanto, já ouvi histórias de pessoas que deixaram folhetos evangelísticos em vez de uma gorjeta. Por que um garçom serviria a um Deus que tem seguidores como esse?

No livro de 2 Coríntios 9, o apóstolo Paulo abordou a questão da doação generosa. O contexto é sobre uma igreja rica em Corinto que doava a uma igreja que tinha muito pouco. Mas o princípio maior se aplica a indivíduos, porque Paulo fez a doação pessoal. "Que cada um dê a sua oferta conforme resolveu no seu coração..." (v.7).

A generosidade deveria ser uma das características que define os cristãos. Isso não quer dizer que somos negligentes com o nosso dinheiro, mas mesquinharia revela uma pobreza profunda de espírito. Deus promete recompensar aqueles que são generosos."Ele fará com que vocês sejam sempre ricos para que possam dar com generosidade. E assim muitos agradecerão a Deus a oferta que vocês estão mandando por meio de nós" observou Paulo (v.11).

"Uma pessoa que é boa com você, mas não é bom com o garçom não é uma boa pessoa", escreveu o humorista Dave Barry. Como seguidores de Cristo, não somos chamados a ser "legais". Somos chamados a sermos bons, amorosos e generosos em nome de Jesus. —Tim Gustafson

leia>

2 Coríntios 9:1-11

Mas quem é direito faz planos honestos e é correto em tudo o que faz (Isaías 32:8).

examine>

O que me impede de ser generoso? O que o livro de Lucas 12:15 diz sobre a ganância? E Atos 10:1,2 sobre o líder militar Cornélio?
O que aprendemos sobre a natureza de Deus em Atos 10:30,31?

considere>

Quais são algumas das maneiras de você ser generoso? Quem você pode abençoar hoje com um ato generoso específico?

aplicação pessoal>

tempo e oportunidade

John Tesvich estava preparado para tudo. Quando a natureza destruiu o seu negócio, o criador de ostras da quarta geração da família esperou, reduziu seu pessoal até que as condições melhorassem. Quando os consumidores se preocuparam com as bactérias presentes nas ostras, a companhia de John inventou um processo de pasteurização único que as tornou seguras para consumo.

Mas Tesvich nunca esperou que o derramamento de óleo fosse acontecer. A plataforma de petróleo estava há 106 km de distância dele, e dois meses depois explodiu, arruinando o seu negócio no Golfo do México. "Nada é mais traiçoeiro do que este derramamento de petróleo", disse John. "Esta coisa continua derramando óleo, e nada pode ser feito."

A experiência dele nos lembra de que o nosso sucesso depende de fatores que fogem ao nosso controle. Presumimos que os outros agirão de forma responsável, mas quando não o fazem sofremos os danos colaterais. Carreiras terminaram no capricho de um chefe impetuoso, fofocas no escritório ou deslealdade dos subordinados. Empregos desapareceram em certos países como uma bolha de sabão, ou calotes de outros levaram a depressões econômicas. A fragilidade de uma sociedade interligada levou Salomão a observar que "pessoas mais sábias nem sempre têm o que comer e que as mais inteligentes nem sempre ficam ricas... " (Eclesiastes 9:11).

Os acasos do tempo e as oportunidade seriam desencorajadores, se não fosse por Deus. Eclesiastes 3:9-15 nos informa que "Deus marcou o tempo certo para cada coisa..." (v.11), e Ele é soberano: "Eu sei que tudo o que Deus faz dura para sempre; não podemos acrescentar nada, nem tirar nada..." (v.14).

Considere os muitos fatores que contribuem para o seu sucesso. Inclua as bênçãos da natureza, família e país. E, diga a Deus que você sabe que é tudo por causa dele. —Mike Wittmer

leia>

Eclesiastes 9:1-12

...nem sempre são os corredores mais velozes que ganham as corridas; nem sempre são os soldados mais valentes que ganham as batalhas. [...] Tudo depende da sorte e da ocasião (v.11).

examine>

Ore o Salmo 104 novamente a Deus para celebrar as muitas maneiras que Ele continuamente provê o necessário para você e para o resto da criação.

considere>

O que é mais fácil: alegrar-se com aqueles que gostam de boa sorte ou chorar com aqueles que sofreram a tragédia? Por que isso é verdade?

aplicação pessoal>

temente a Deus

Anos atrás, fui ao médico para exames de rotina, pois me sentia mal por algum tempo, cansado, triste e letárgico. Sabia que precisava perder peso e me exercitar. No entanto, sentado na maca, em frente ao médico de aparência séria, minhas previsões se concretizaram — colesterol alto e peso fora de controle. Precisava de mudanças, estava assustado. Felizmente, mudei. Mas foi preciso ter medo das consequências do meu estilo de vida para encontrar a coragem para fazer escolhas difíceis.

O profeta Isaías enfrentou a idolatria de Israel. As pessoas, no entanto, optaram por não escutá-lo, pois tinham outras preocupações; com seu bem-estar econômico e status social. Estavam irritados com seus inimigos políticos e fortunas. Israel abandonou a Deus porque o medo devorou toda a sua energia. Para isso, Deus simplesmente disse: "...Não [...] tenham medo daquilo de que o povo tem medo" (8:12). Pelo contrário, Deus sugeriu: "... "fiquem assustados por minha causa e tenham medo de mim..." (v.13).

Nossos medos não podem se dissipar por conta própria, algo maior deve dominá-los. As Escrituras oferecem pelo menos duas coisas que se sobrepõem ao medo: o amor de Deus por nós (1 João 4:18) e nosso temor a Deus (Isaías 8:13). Claro que temer a Deus é totalmente diferente de qualquer outro medo que conheçamos. Temer a Deus não é se encolher num canto como uma criança petrificada escondida de um pai abusivo. Deus não é abusivo.

Temer a Deus é tremer diante da verdade de que Deus é totalmente santo e Todo-poderoso e que tudo (incluindo os medos) se curvam diante do Altíssimo. Há liberdade em saber que quando tememos (nos prostramos, reverenciamos, honramos) a Deus, não precisamos temer qualquer outra coisa. O Deus que é forte o suficiente para nos fazer tremer é aquele que carinhosamente nos conforta com o Seu amor. —Winn Collier

leia>

Isaías 8:11-22

...seja ele o vosso temor... (v.13 ARA).

examine>

Passeie pelo livro de Provérbios 9. O que ele fala sobre temer a Deus? De que maneira o autor de Provérbios define o temor do Senhor? O que acontecerá se não tivermos o temor de Deus?

considere>

De que maneira você pode interpretar mal a ideia de temer a Deus? Em que outras áreas da vida o temor ajudou você?

aplicação pessoal>

sem escape

Alguns anos atrás, um casal na Coreia do Sul escapou do desânimo do desemprego usando um jogo de realidade virtual em um *cyber* café local. O jogo lhes deu carreiras falsas e até mesmo uma filha virtual, a quem chamaram de Anima. Enquanto eles jogavam *on-line*, seu bebê *verdadeiro* era deixado em casa. Diariamente, eles davam ao bebê um pouco de leite em pó misturado com água e, em seguida, iam ao café. Um dia, depois de jogarem 12 horas seguidas, chegaram em casa e encontraram o bebê de três meses de idade morto por *desnutrição*. Eles nunca tinham dado um *nome* à menina.

Este relato trágico de escapismo (e negligência) me lembra da igreja de Sardes (Apocalipse 3). A maioria dos cristãos na igreja eram espiritualmente "mortos" (v.1). William Barclay escreve: "Sardes era uma cidade de paz, não de paz conquistada através de batalha, mas de 'paz do homem cujos sonhos estão mortos, e cuja mente está dormindo, a paz de letargia e evasão.'" Muitos cristãos de Sardes tinham deixado para trás o viver corajosamente para Jesus e fugiram para o que era confortável e conveniente.

Sardes fora um centro comercial e politicamente poderoso. Mas por duas vezes em sua história, as muralhas aparentemente impenetráveis de Sardes tinham sido violadas e a cidade foi tomada por inimigos. Agora a sua igreja estava dormindo e caindo em pecados (v.2).

Em contraste com os vigias que tiveram que baixar a guarda e permitir que a cidade fosse saqueada, Deus chamou Seu povo à deriva para lembrarem-se "...do que aprenderam e ouviram. Obedeçam e se arrependam..." (v.3).

As solenes palavras de Deus podem ser apenas o que precisamos para acordar, e assim voltar do nosso escapismo e começar a viver para Cristo novamente. Não há como escapar da nossa necessidade de fé pura e vitoriosa (v.5). —Tom Felten

leia>

Apocalipse 3:1-6

...Eu sei o que vocês estão fazendo. Vocês dizem que estão vivos, mas, de fato, estão mortos. Acordem e fortaleçam aquilo que ainda está vivo... (vv.1,2)

examine>

Leia o livro de Apocalipse 3:7-13 e observe a força espiritual das pessoas na igreja de Filadélfia. O que podemos aprender com eles sobre fé genuína?

considere>

De que maneira você tenta escapar de viver verdadeiramente para Jesus? O que você precisa para liberar, a fim de buscar a Cristo mais apaixonadamente?

aplicação pessoal>

parceria divino-humana

A colheita do agricultor é uma provisão de Deus (Deuteronômio 16:15), mas o agricultor deve colhê-la. Cada criança que nasce é uma dádiva de Deus (Salmo 127:3), mas a gravidez não ocorre sem o homem e a mulher. As guerras de Israel foram conquistadas por Deus (Deuteronômio 20:4; Josué 10:42), mas Israel é quem lutava. No trabalho, na procriação e nas batalhas da vida, Deus age conosco em parceria divino-humana, e milagrosamente.

Quando Jesus estava cercado por uma enorme multidão em Betsaida, surgiu uma questão prática sobre alimentação. Os discípulos cansados que foram originalmente trazidos lá para descanso (v.31) entraram em pânico quando Jesus lhes disse para alimentar a multidão (v.37). Eles tinham apenas alguns pães e peixes, mas Jesus milagrosamente alimentou a multidão do tamanho de um estádio com o pequeno lanche.

Agora, observe algumas coisas na história:

Quem devia alimentar a multidão? *Os discípulos*. Jesus não disse: "Eu vou alimentá-los", mas "...Deem vocês mesmos comida a eles..." (v.37). De quem era o alimento utilizado? Era o que os *discípulos* arranjaram. Jesus não fez peixes e pães caírem do céu; Ele usou o que tinha (v.38).

Quem organizou as pessoas? Distribuiu a comida? Juntou as sobras? *Os discípulos* (vv.39,41,43). Mas quem fez o milagre? Jesus. Ele dirigiu todo o evento (v.41).

Deus pode ceifar os campos ou vencer uma batalha sem envolvimento humano. Certa vez, Ele organizou um nascimento virginal! Mas, em geral, Ele faz milagres por meio de ações humanas. Paulo recebeu a visão quando Ananias orou (Atos 9:17,18). Uma multidão foi alimentada quando os discípulos distribuíram o pão.

Espere as bênçãos de Deus fluírem por meio de mãos humanas e ofereça o pouco que você tem para o Seu uso milagroso. —Sheridan Voysey

leia›

Marcos 6:30-44

Jesus perguntou:

—Quantos pães vocês têm? Vão ver. Os discípulos foram ver e disseram: — Temos cinco pães e dois peixes (v.38).

examine›

Leia os livros de Deuteronômio 2:7 e Neemias 4:9 para ver outros exemplos de parceria divino-humana. Você aguarda por um milagre ou provisão divina, sem envolvimento humano?

considere›

Você considera-se culpado por achar que os seus dons, talentos e recursos são pequenos para que Deus os use?

aplicação pessoal›

sem satisfação

Em maio de 1965 os *Rolling Stones* gravaram a música *I Can't Get No Satisfaction* (Não consigo me satisfazer). Pouco tempo depois de seu lançamento, a música tornou-se a nº 1 nos Estados Unidos. Como a banda estava certa. Não importa o quanto nós tentemos, a satisfação parece escorrer por entre os nossos dedos.

Mas será verdade que é impossível encontrar satisfação nesta vida? Ou será que tendemos a procurá-la em lugares errados? Talvez a verdadeira fonte de satisfação esteja bem debaixo do nosso nariz, mas não vemos isso porque tentamos arduamente obtê-la por conta própria.

Considere estas palavras do Antigo Testamento em que o profeta Isaías declarou como sendo palavras vindas do Messias: "Escutem, os que têm sede: venham beber água! Venham, os que não têm dinheiro: comprem comida e comam! Venham e comprem leite e vinho, que tudo é de graça. Por que vocês gastam dinheiro com o que não é comida? Por que gastam o seu salário com coisas que não matam a fome? Se ouvirem e fizerem o que eu ordeno, vocês comerão do melhor alimento, terão comidas gostosas" (Isaías 55:1,2).

Mais tarde, Jesus ilustraria esta verdade de outra maneira ao falar estas palavras a uma mulher que tinha um histórico de procurar homens para satisfazê-la: "Então Jesus disse: —Quem beber desta água terá sede de novo, mas a pessoa que beber da água que eu lhe der nunca mais terá sede. Porque a água que eu lhe der se tornará nela uma fonte de água que dará vida eterna" (João 4:13,14).

Jesus não disse que não podemos encontrar satisfação em nossos relacionamentos, trabalho ou passatempo. Mas Ele disse que, se não encontrarmos satisfação nele *primeiramente*, ela não será completa.

Então, onde você está tentando encontrar satisfação? —Jeff Olson

leia›

Salmo 103

...Ele enche a minha vida com muitas coisas boas, e assim eu continuo jovem e forte como a águia (v.5).

examine›

Confira no livro de Mateus 5:6 outro comentário que Jesus fez sobre satisfação.

considere›

De que maneira Jesus nos satisfaz completamente? O que você fará com as áreas de sua vida que o deixam insatisfeito?

aplicação pessoal›

convencido

Um dia, quero fazer *skydiving*. Apesar de não gostar muito de altura, acho que há algo incrível em saltar de um avião com um paraquedas (e um instrutor junto!). Quando éramos crianças, minha irmã e eu pulávamos da nossa sacada do segundo andar em enormes montes de neve que cobriam o nosso quintal, na calada do inverno. Uma vez eu até pulei do telhado da casa de um amigo (de um andar só) no fundo de uma piscina. Como regra geral, porém, não pulo de edifícios. Estou convencida de que é perigoso.

Quando se trata de coisas espirituais, não podemos separar o que acreditamos ser real do modo como agimos. O livro de João 3:16 é de valor incalculável ao comunicar a verdade do amor de Deus por nós. Nossas crenças não são medidas por nossa concordância mental de que Jesus é o Senhor de nossas vidas, mas pelas ações que vivemos em submissão a Ele.

O livro de João 3:33 diz: "Quem aceita a sua mensagem dá prova de que o que Deus diz é verdade." Aqueles que acreditam colocam sua confiança no fato de Deus e Sua Palavra, serem verdadeiros. Porque eles entendem a conexão entre fé e obediência (Josué 22:5; João 3:36), eles estão convencidos a ponto de agir.

Jesus pagou o preço para que pudéssemos ter a vida abundante e livre que Ele prometeu (João 8:31,32; 10:10). Escolher a Cristo é tornar-se nova criatura, não por nossas próprias obras, mas pela Sua graça, a mesma graça que nos capacita a agir de acordo com o que cremos (2 Coríntios 5:17; 2 Timóteo 1:9).

Desvalorizamos a cruz quando o nosso cristianismo não vai além de reconhecer em nossas mentes que Jesus é o Filho de Deus. Até os demônios o reconheceram (Lucas 4:33-35; Tiago 2:19). Que nossas ações reflitam a nossa fé em Jesus. —Regina Franklin

leia>

Tiago 2:17-24

Quem nasce de pais humanos é um ser de natureza humana; quem nasce do Espírito é um ser de natureza espiritual (João 3:6).

examine>

Leia o livro de João 14:14-21 para ver a conexão entre a obra do Espírito Santo em nós e nossa obediência a Jesus. A sua convicção na Palavra de Deus o influencia a mudar suas ações?

considere>

As pessoas que lhe são próximas conseguem ver a diferença entre o "velho" e o "novo" em você? (João 3:21).

aplicação pessoal>

maravilhoso Guia

Marion Cotillard, atriz do filme *A Origem*, de Christopher Nolan, disse sobre o diretor: "As coisas que eu não entendia mesmo durante a filmagem, sabia que talvez não fossem para ser entendidas. Achei muito interessante me permitir ficar perdida, pois eu estava ciente de que tinha esse guia maravilhoso que nos levaria a um lugar onde realmente viveríamos aquela experiência, porque estávamos nos rendendo a uma história e a um diretor que fariam tudo dar certo."

Acho que Josué poderia dizer algo semelhante sobre o Diretor da sua vida. Na passagem bíblica de hoje, o líder recém-comissionado de Israel está às portas de Canaã. Moisés, seu mentor, tinha morrido. Ele é o novo chefão, e o peso da responsabilidade deve ter sido palpável. Deus disse a ele duas vezes: "Seja forte e corajoso..." (Josué 1:6,9). E uma vez disse isso de forma enfática: "Seja forte e muito corajoso..." (v.7). Não é difícil imaginar o medo e a apreensão de Josué. Mais de dois milhões de israelitas estavam esperando que ele os liderasse até a sua terra. *Como ele faria isso?* O Senhor não entregou a ele um roteiro detalhado, mas fez promessas e deu mandamentos.

As promessas de Deus essencialmente eram: "Você nunca será derrotado. Eu estarei com você [...] em qualquer lugar para onde você for!" (vv.5,9). E os mandamentos divinos foram: "Tome cuidado e viva de acordo com toda a Lei..." (vv.7,8). E qual foi a reação de Josué? Completa devoção e rendição ao seu maravilhoso Guia.

Perto do fim de sua vida, Josué proclamou: "O SENHOR cumpriu todas as boas promessas que havia feito ao povo de Israel" (21:45).

Nós também podemos nos render à história e ao Diretor que "vai fazer tudo dar certo." —Poh Fang Chia

leia>

Josué 1:1-9

O SENHOR cumpriu todas as boas promessas que havia feito ao povo de Israel (21:45).

examine>

Leia o livro de Salmo 16:5-11 para ver o entendimento que Davi tinha do seu maravilhoso Guia.

considere>

Você segue a Deus fielmente? O que quer dizer render-se à Sua liderança?

aplicação pessoal>

ida ao lar

O filme de sucesso *E. T., o extraterrestre*, de 1982, é um dos meus preferidos. Ele termina com o ET dizendo adeus ao jovem amigo Elliot. Antes de entrar na espaçonave, o ET diz a ele: "Estarei aqui", apontando seu dedo brilhante à cabeça do menino. Ao decolar, a nave espacial deixa um arco-íris no céu. A cena me faz lembrar da ascensão de Cristo.

No dia da ascensão Jesus retornou ao céu, 40 dias depois de Sua crucificação (Atos 1:3). Poucas igrejas relembram esse dia, ao contrário do que acontece com a Sexta-Feira Santa, o domingo de Páscoa e o domingo de Pentecoste. Então, o que a ascensão de Cristo quer nos dizer hoje? Antes desse momento, Jesus disse aos Seus discípulos: "...serão minhas testemunhas [...] até nos lugares mais distantes da terra" (v.8). Seu retorno ao Pai desencadeou o poderoso ministério do Espírito Santo que habita em nós (vv.4,5,8). Jesus disse que teria que ir embora (João 16:7). Só então o Pai enviaria o Espírito Santo como dádiva para nós (Atos 1:4; João 14:16,17). Ele veio habitar em cada cristão (1Coríntios 3:16), e ser nosso Advogado, Consolador, Conselheiro e Mestre (João 14:26; 15:26).

O retorno de Jesus para o céu estabeleceu o fundamento de Sua promessa de voltar a esta terra (v.11). Depois de completar Sua obra redentora na cruz, Jesus continua Sua obra intercessória como nosso Advogado e Sumo Sacerdote no céu, entronizado à direita do Pai (Romanos 8:34; Hebreus 8:1,2; 1 João 2:1). "...Esse Jesus que estava com vocês e que foi levado para o céu voltará do mesmo modo que vocês o viram subir" (Atos 1:11) e com "...grande poder e glória" (Marcos 13:26).

Considerando que já se passaram mais de dois mil anos, o dia de Seu retorno pode acontecer muito mais cedo do que esperamos (Romanos 13:11; 1 Pedro 4:7). Mas hoje, Ele está "aqui" em nossos corações, pelo Seu Espírito. —K. T. Sim

leia>

Atos 1:1-11

...Esse Jesus que estava com vocês e que foi levado para o céu voltará do mesmo modo que vocês o viram subir (v.11).

examine>

O que o livro de Efésios 1:18-23 o ensina sobre a volta de Jesus ao céu?

considere>

É importante lembrar o retorno de Jesus para o Pai? De que maneira a iminente volta de Jesus à Terra influencia a forma como você vive?

aplicação pessoal>

aliança com os olhos

Um estudo publicado, em 2006, revelou que crianças acostumadas a assistir programas com altos níveis de conteúdo sexual tendem a ser mais promíscuas sexualmente. Os pesquisadores estudaram 1.017 adolescentes entre 12 e 14 anos, por um período de dois anos. Eles foram observados enquanto se expunham a diferentes volumes de conteúdo sexual em filmes, programas de TV, música e revistas.

Foi descoberto que aqueles que eram expostos a grande quantidade de conteúdo sexual tinham 2,2 vezes mais chances de ter relação sexual entre 14 a 16 anos do que os que ficaram menos expostos. Esta pesquisa confirma o que Agostinho disse há muito tempo: "Pelo olhar [...] com luxúria [...] os desejos brotam." Creio que esta foi a razão porque Jó fez uma aliança com seus olhos para não chegar a esse *ponto*.

Jó acreditava que estava vivendo diante de um Deus santo, que contava seus passos e guiava sua vida. Isso significava uma vida de pureza e de busca pessoal pela santidade. Ele firmava sua pureza moral lembrando-se de um compromisso individual que definia o que ele iria ou não olhar. Em especial, professava sua pureza guardando seus olhos e evitando a luxúria. Jesus ensinou este mesmo princípio no Novo Testamento (Mateus 5:28).

Pelo fato de nossos olhos serem canais de tentação sexual e luxúria, precisamos fazer uma aliança com eles, assim como Jó. Isto quer dizer preservá-los de todo o mal (Salmo 101:3), viver com disciplina e autocontrole (1 Tessalonicenses 4:4,5) e submissão ao Espírito Santo para orientação e fortalecimento (Gálatas 5:16-21). Também inclui viver como "peregrinos e forasteiros" que aguardam a herança final (1 Pedro 2:11) lutando contra a tentação e buscando o que é certo em comunhão com outros cristãos comprometidos com Jesus. —Marvin Williams

leia>

Jó 31:1-4

Eu jurei que os meus olhos nunca haveriam de cobiçar uma virgem (v.1).

examine>

Leia o livro de Gênesis 39:6-12 para ver como um jovem lidou com a tentação sexual e com a luxúria?

considere>

É importante guardar os olhos da tentação sexual? O que você precisa para fazer uma aliança com seus olhos a fim de viver com pureza diante de Deus?

aplicação pessoal>

presentes de um estranho

Embora seja bom estar atento ao interagir com estranhos, as Escrituras afirmam que há situações em que deveríamos oferecer-lhes ajuda (Jó 31:31,32; Romanos 12:13). Como alguém que recentemente beneficiou-se pela generosidade de um casal desconhecido, posso afirmar que essa bondade atendeu a uma necessidade profunda em minha vida. Também impulsionou minha fé e aumentou meu apreço em ser parte do corpo de Cristo.

Tudo começou quando meu filho participou de um acampamento para atletas cristãos. Quando um dos responsáveis pelo acampamento descobriu que meu filho e eu estávamos vindo de Uganda para uma visita, perguntou-nos se havia algo que ele e sua esposa pudessem fazer para nos servir. Como eu precisava cortar despesas para continuar meu ministério na África, perguntei se poderiam me ajudar a retirar as coisas que eu estava pagando para guardar, desde que me mudara para lá há muitos anos.

Na sequência, esse servo do Senhor e sua família providenciaram caminhões e carregadores para retirar meus pertences de um armazém a duas horas de distância. Depois, organizou uma grande venda usando o pátio e a grande varanda de seus parentes.

Eles me ajudaram a eliminar uma despesa inútil e a ganhar um dinheiro muito necessário. Acima de tudo, suas ações abnegadas refletiram a essência do que está escrito no livro de 3 João 1:5: "...você tem sido fiel naquilo que faz pelos irmãos, mesmo quando são estrangeiros".

Nós nos tornamos amigos. Foi um privilégio demonstrar hospitalidade a eles quando trouxeram uma equipe de missionários temporários para Uganda a fim de trabalhar com minha organização, *Tukutana*.

Oremos e busquemos oportunidades para abençoar os "estrangeiros" que Deus coloca em nosso caminho. —Roxanne Robbins

leia>

Hebreus 13:1-3

Portanto, sempre que pudermos, devemos fazer o bem a todos, especialmente aos que fazem parte da nossa família na fé (Gálatas 6:10).

examine>

Leia o livro de Mateus 25:34-39 para ver como Deus percebe o seu cuidado em relação aos necessitados.

considere>

A quais estranhos você demonstrou o cuidado amoroso de Jesus recentemente? De que maneira o cuidado com essas pessoas reflete a compaixão divina?

aplicação pessoal>

competição

Os tenistas John Isner e Nicolas Mahut fizeram história em 2010 quando um não conseguia derrotar o outro. Dois *rounds* em Wimbledon foram suspenso devido à escuridão. No terceiro dia, após jogarem por mais de 11 horas, Isner rebateu brilhantemente para quebrar o saque de Mahut e ganhar o jogo mais longo da história. Eles se abraçaram próximos à rede, tiraram fotos ao lado do placar e elogiaram um ao outro por levar o jogo ao limite. A competição criou algo que não teriam alcançado sozinhos.

A competição pode ser uma forma de cooperação. Como Isner e Mahut combinaram-se para construir um jogo cativante, também a *Apple* desafia a *Microsoft* a melhorar os *softwares* e a *General Motors* aprende com a *Honda* a fazer carros mais confiáveis. Melhoramos quando somos testados por um concorrente, e juntos fazemos progressos naquilo em que lutamos para vencer. Nossos atletas, computadores e carros estão melhores, graças às melhorias forjadas pela competição.

A competição exerce um papel também na igreja. Há competição, como aquela em que os discípulos de Jesus discutiam "...sobre qual deles era o mais importante" (Marcos 9:34). Este tipo de competição é letal porque presume que nossa luta é um jogo onde só um ganha, e minha vitória significa a sua derrota.

Mas também há uma competição que é boa, como a de Paulo quando incentivou os coríntios a se sacrificar como os macedônios, que deram muito mais do que podiam. Semelhantemente, o apóstolo desafiou os romanos a *pro goumenoi*, ou seja "...tratar uns aos outros com respeito" (Romanos 12:10). Essa é uma competição amigável!

Você conhece pessoas cuja pureza, vida de oração, estudo bíblico ou generosidade o deixam envergonhado? Use-os como inspiração para melhorar sua forma de jogar. Quando competimos de forma piedosa, Deus vence. —Mike Wittmer

leia>

2 Coríntios 8:1-15

Não estou querendo mandar em vocês. O que eu estou querendo é que conheçam o entusiasmo com que as igrejas da Macedônia deram ofertas, para que assim vocês vejam se o amor de vocês é verdadeiro ou não (v.8).

examine>

Leia o livro de Filipenses 1:12-18 para aprender como devemos reagir quando os outros competem conosco pela razão errada.

considere>

O importante na competição é ganhar ou é algo mais elevado? De que maneira você pode reconhecer que aceitou formas não saudáveis de competir?

aplicação pessoal>

amor radical

Julio Diaz saiu do metrô de madrugada a caminho de sua lanchonete preferida quando um adolescente portando uma faca exigiu que lhe desse sua carteira. Diaz a entregou, mas enquanto o assaltante começou a se afastar, ele o segurou dizendo: "Se você vai continuar roubando das pessoas pelo resto da noite, deve levar também meu casaco para mantê-lo aquecido". Então, deu ao garoto o casaco e convidou aquele ladrão confuso para jantar com ele. Antes do fim da noite, Diaz teve sua carteira de volta, bem como a faca do rapaz, mas não antes de despachá-lo com 20 dólares.

Fico pensando se Diaz tinha as palavras de Jesus em sua mente: "...Se alguém tomar a sua capa, deixe que leve a túnica também" (Lucas 6:29). Essa história é impressionante porque é contrária à cultura vigente. Aprendemos cedo a nos cuidar e a não deixar que outros tirem vantagem de nós. Asseguramo-nos de sempre conseguir tudo o que precisamos em primeiro lugar. Jesus e o evangelho, no entanto, nos ensinam algo totalmente diferente — o caminho do amor radical.

Para Jesus, o amor é um ato que anda em sentido oposto ao da sabedoria e senso comum convencionais. Em vez de revidar contra aqueles que nos ameaçam, devemos tratá-los com generosidade e bondade. O que poderia ser mais incomum do ser maltratado por alguém e não retaliar? O que pode ser mais radical do que "dar a todo o que te pede" assistência ou emprestar dinheiro e recursos aos nossos inimigos sem sequer "esperar algo de volta"? (vv.29,30,35).

É com esses exemplos surpreendentes que Jesus define o amor não como uma emoção sentimental, mas como um ato de desprendimento firme e ousado. O amor custa, fere, e exige corajosa obediência. Jesus demonstrou o maior amor ao morrer na cruz, o ato mais radical e generoso que já conhecemos. —Winn Collier

leia›

Lucas 6:27-36

...amem os seus inimigos e façam o bem para os que odeiam vocês (v.27).

examine›

Leia o livro de Lucas 6:27-36, e examine as ações dos que se opõem a você e registre como Deus quer que você reaja. Quem deve ser o nosso modelo? (v.36).

considere›

Quando você se sentiu tentado a revidar contra alguém? De que maneira Deus o desafia a demonstrar um amor radical?

aplicação pessoal›

borboletas e respiração

Ao entrar no Jardim das Borboletas, numa sala com 800 belezas voadoras e coloridas, uma espécie preta e amarela pousou na minha camiseta. Nós nos entreolhamos. Ela não se movia. Eu não sou uma grande fã de nada que lembre um inseto — especialmente quando o estou usando como um broche, e mais ainda quando tem o tamanho da minha mão. Meu instinto foi expulsá-la, mas haviam nos avisado para não tocarmos nas borboletas por causa da sua fragilidade.

A vida, assim como as borboletas, é frágil. Davi disse: "...Diante de ti, a duração da minha vida não é nada..." (Salmo 39:5). Ainda que meditar sobre nossa mortalidade possa ser meio deprimente, é importante lembrar que nossa vida é passageira (v.4).

Aceitar que somos mortais nos mantêm humildes. Comparados à eternidade, nossos planos de grandeza e ganho financeiro não são nada. Tiago contou a história de pessoas que estavam partindo para uma viagem de negócios por um ano. Antes de saírem, eles se vangloriaram do dinheiro que ganhariam. Tiago os desafiou: "...pois vocês são como uma neblina passageira, que aparece por algum tempo e logo depois desaparece. O que vocês deveriam dizer é isto: 'Se Deus quiser, estaremos vivos e faremos isto ou aquilo'" (Tiago 4:14,15).

Como Tiago disse, nossa vida terrena continua porque Deus nos sustém — a cada suspiro. Lembrar-nos disso nos ajuda a sermos gratos. Quando estou vivendo um desafio, às vezes penso: "Bom, pelo menos ainda *estou respirando.*" Conseguimos manter um espírito grato porque "A vida de todas as criaturas está na mão de Deus; é ele quem mantém todas as pessoas com vida" (Jó 12:10).

O Senhor é autor de tudo em nossas vidas — desde os planos futuros até o último suspiro. Humildade e gratidão são respostas apropriadas ao Deus que sabe que somos "forasteiros" nesta vida (Salmo 39:12).
—Jennifer Benson Schuldt

leia>

Salmo 39

...Diante de ti, a duração da minha vida não é nada... (v.5).

examine>

Leia o livro de 2 Reis 20:1-11 para ver a profundidade do conhecimento dos detalhes que Deus tem da nossa morte. E Eclesiastes 5:15-19 para ver o conselho de Salomão sobre a eternidade.

considere>

Por que normalmente menosprezamos a provisão divina do pão e do ar? Como podemos evitar o otimismo arrogante ao planejarmos nossa vida?

aplicação pessoal>

a alegria do Jaime

Quando o câncer do meu amigo Jaime voltou pela quarta vez, ele fez uma escolha. Embora soubesse que o caminho à frente seria difícil (outra cirurgia invasiva e dolorosa em seu pulmão), ele lutou para trazer glória a Deus. Assim, durante sua semana de estadia no pós-cirúrgico do hospital, cumprimentava os médicos e enfermeiras (e qualquer um que entrasse em seu quarto) com um sorriso e conversas sobre Deus e sobre a sua fé. Quando começou a melhorar, andava pelos corredores e enfiava sua cabeça pela porta dos outros quartos, testemunhando aos pacientes. Ele espalhava a "alegria de Jesus" por onde quer que fosse.

Sua jornada contra o câncer me inspirou. Ele viveu os ensinamentos de Jesus quando um dos Seus amigos estava doente. Embora Lázaro estivesse "muito doente", Jesus falou para quem estava perto dele que algo bom viria dessa doença. Havia um propósito na dor de Seu amigo. Na verdade, Jesus disse : "...O resultado final dessa doença não será a morte de Lázaro. Isso está acontecendo para que Deus revele o seu poder glorioso..." (João 11:4).

Quando Jesus, mais tarde, entrou em Betânia (v.17), as pessoas estavam chorando. Mas o Salvador os levou a crer. Ele perguntou à irmã de Lázaro, Marta, se ela cria que Ele tinha poder para ressuscitar seu irmão e dar vida eterna àqueles que cressem nele (vv.23-26). Ela respondeu: "Sim, senhor! [...] Eu creio que o senhor é o Messias, o Filho de Deus..."

Em seguida, momentos antes de ressuscitar Lázaro, Jesus proclamou: "Eu não lhe disse que, se você crer, você verá a revelação do poder glorioso de Deus?" (v.40). É preciso fé verdadeira para trazer glória a Deus em sua doença e dor.

Você vai escolher propagar a "alegria de Jesus" ao lidar com as dificuldades que Deus está permitindo que você enfrente? Se sim, você trará glória a Ele e será uma bênção aos outros! —Tom Felten

leia>

João 11:1-12,23-44

...O resultado final dessa doença não será a morte... (v.4).

examine>

Veja no livro de Filipenses 2:6-11 a glória que Jesus recebeu por causa de Sua dor e sofrimento na cruz.

considere>

É difícil glorificar a Deus quando enfrentamos dor e doença? De que maneira você pode glorificar o Senhor ao passar por provações?

aplicação pessoal>

Jesus entre os ídolos

De acordo com antropólogos, adoração pode ser encontrada em todas as culturas. Dentro de nós há um impulso para nos dedicar a alguém ou algo que nos trará propósito, segurança e identidade.

As Colinas de Golã, uma região entre o território atual de Israel e a Síria, é uma área rica em história sobre adoração. Mais de uma dúzia de templos dedicados ao deus da fertilidade, Baal, mencionado no Antigo Testamento, foram descobertas nesse local. Uma caverna próxima é mencionada como o local de nascimento de Pan, deus grego da caça. Herodes o Grande construiu um templo a César lá (de onde vem o primitivo nome Cesareia de Filipos).

Jesus e Seus discípulos estavam andando por esta região um dia, quando o Senhor parou e perguntou: "...Quem o povo diz que o Filho do Homem é?" (Mateus 16:13). Deram-lhe a melhor suposição do público — que Ele era um dos antigos profetas que retornara da morte (Marcos 8:28). "E vocês? Quem vocês dizem que eu sou? sondou o Mestre. "O senhor é o Messias...", respondeu Pedro (v.29), "o Filho do Deus vivo" (Mateus 16:16). Que lugar significativo para que a identidade de Jesus fosse revelada! À medida que as palavras ecoaram nos altares pagãos ao redor deles, os discípulos souberam que estavam diante daquele que era maior que Baal, Pan ou César.

A maioria das pessoas atualmente não adoram imperadores. Mas a adoração a ídolos humanos continua assim como nossa veneração por famosos do cinema, atletas profissionais e colegas muito bem-sucedidos, ou através da adoração ao trabalho, exercício físico, passatempos ou parceiros românticos.

Jesus anda entre os ídolos e altares modernos e pede nossa lealdade. Nós vamos nos curvar diante dele? —Sheridan Voysey

leia>

Marcos 8:27-30

E vocês? Quem vocês dizem que eu sou? — perguntou Jesus... (v.29).

examine>

Leia o livro de Mateus 16:13-20 e preste atenção especialmente no novo nome que Jesus deu a Pedro no versículo 18. Quando Jesus se torna o nosso foco, descobrimos a nossa identidade.

considere>

Você luta contra algum ídolo, e por que ele o atraí? Você vai desistir de seu ídolo por Jesus?

aplicação pessoal>

revelado

Minha lista de projetos a cumprir neste fim de semana está próxima do nível de insanidade. Como professora, luto para ensinar coisas novas e encontrar novos meios de comunicar ideias aos meus alunos. Assim, tenho o hábito horrível de criar projetos para mim mesma. Muitas vezes vivo no limite entre a ordem e o caos. Infelizmente, a vida nem sempre tem o mesmo comprimento da minha lista de afazeres. Porém, quando coloco Deus no centro de tudo, cada tarefa se torna mais simples.

No livro de 1 Coríntios 10, Paulo contrasta a fidelidade de Deus com a infidelidade dos israelitas. Desta forma, ele destaca que nossas crenças não são reveladas em nossas palavras, mas em nossas *escolhas*. Embora tivessem provado a bondade divina (vv.3,4), os israelitas lutavam para se apegar à convicção de que se Deus havia dado a eles provisão anteriormente, Ele seria capaz de fazê-lo de novo. Por isso, presumiram que a graça do Senhor estava disponível e não o seguiram de todo o coração.

O adultério espiritual dos israelitas não começou com ofertas aos deuses estrangeiros. Começou com a falta de fé. Em nossa frágil humanidade, corremos o risco de não seguir a Deus com fidelidade, por isso somos avisados: "Portanto, aquele que pensa que está de pé é melhor ter cuidado para não cair" (v.12).

Quando estamos enfrentando incertezas e a vida exige de nós, podemos correr para o abrigo do nosso eu e permitir que o medo dirija nossas decisões. Ou podemos colocá-las — bem como nossas vidas — diante do trono de Deus. Quando todas as áreas da nossa vida forem um ato de adoração a Ele, tudo aquilo que nos cerca se transforma em uma oportunidade para que a grandeza do Senhor seja manifesta. E isso permite que Sua glória seja revelada. —Regina Franklin

leia›

1 Coríntios 10:1-4

Portanto, quando vocês [...] fazem qualquer outra coisa, façam tudo para a glória de Deus (v.31).

examine›

Leia o livro de Salmo 90 para saber compreender como colocar o trabalho sob a perspectiva correta.

considere›

Em que área da sua vida falta fé em Deus e em Sua provisão?
O que significa priorizar seus compromissos de acordo com a perspectiva divina?

aplicação pessoal›

incompreendido

Ralph Waldo Emerson perguntou certa vez: "É muito ruim não ser compreendido?". E continuou: "Pitágoras não foi compreendido nem Sócrates nem Jesus nem Lutero nem Copérnico nem Galileu nem Newton nem tampouco cada espírito puro e sábio que já existiu." Parece que ser incompreendido nos coloca em boa companhia.

Reflita sobre Jesus, a única pessoa que já viveu uma vida perfeita. Para Ele, tudo começou aos 12 anos — quando ficou para trás em Jerusalém depois da festa anual da Páscoa (Lucas 2:41-50). Seus pais, que estavam a um dia de jornada de volta a Nazaré, perceberam de repente que tinham perdido o menino. Ficaram preocupados e angustiados e começaram a procurá-lo freneticamente. Três dias depois, eles o encontraram em Jerusalém no templo com os mestres religiosos, mas não entenderam o porquê de Ele estar lá (v.50).

Houve também o episódio em que Jesus ficou na Galileia, propositalmente se afastando da Judeia por causa dos judeus que estavam lá para matá-lo. Quando chegou a hora de voltar à Judeia para a Festa do Tabernáculos, os irmãos de Jesus lhes disseram: "...Saia daqui e vá para a Judeia a fim de que os seus seguidores vejam o que você está fazendo. [...] Já que você faz essas coisas, deixe que todos o conheçam" (João 7:3,4). Até mesmo Seus irmãos não entendiam Sua verdadeira missão (v.5).

Não é bom ser incompreendido, especialmente sobre algo importante. Tenho certeza de que Jesus não gostava disso. Mas, talvez Emerson estivesse certo. O fato de ser incompreendido por causa de nosso grande Salvador não deveria tornar-se em sementes de dúvida e desânimo em nossos corações. Pois, como afirmou Emerson: "Ser grande é ser incompreendido." Jesus é o nosso maior exemplo! (1 Pedro 2:21).
—Jeff Olson

leia>

1 Pedro 2:21-25

Quando foi insultado, não respondeu com insultos. Quando sofreu, não ameaçou, mas pôs a sua esperança em Deus, o justo Juiz (v.23).

examine>

O que você acha da reação que Jesus recebeu quando voltou à Sua cidade, Nazaré, para anunciar o início do Seu ministério?
(Lucas 4:14-30)

considere>

Você já foi incompreendido por causa da sua fé em Jesus? De que maneira, você vai apresentar a grandeza de Jesus a outros hoje?

aplicação pessoal>

por que obedecer?

Ao envelhecer e me tornar experiente no trabalho, o conceito de obediência tornou-se menos importante para mim. A obediência não é mais um simples "somente faça o que estou pedindo" — quero ser convencido primeiro. *Hum. Será que nos relacionamos assim com Deus?*

A cidade de Jericó foi reconstruída no reinado de Acabe (1 Reis 16:34). Durante sua construção, o filho primogênito de Hiel foi morto enquanto o fundamento era lançado. E seu filho mais novo morreu enquanto os portões eram levantados. Tudo isso aconteceu em cumprimento às palavras da profecia que Josué tinha pronunciado séculos antes.

Naquele tempo, Josué tinha feito esta declaração solene: "...Quem tentar construir de novo esta cidade de Jericó será amaldiçoado pelo SENHOR! Quem puser os alicerces perderá o filho mais velho! Quem colocar os portões perderá o filho mais moço!" (Josué 6:26).

O livro de 1 Reis 16:34 é um lembrete para que se leve Deus e Sua Palavra a sério. Se as Escrituras disseram que o filho mais velho e o mais novo de um homem morreriam quando ele tentasse reconstruir Jericó, é porque isso iria acontecer.

É durante o tempo da imprudente campanha de construção de Hiel que encontramos a confrontação entre Elias e o rei Acabe. O pronunciamento daquele profeta não é estranho a Israel. Deus os havia advertido de que quando eles pecassem, Ele reteria as chuvas de que precisavam (Deuteronômio 11:16; 17:2; 2 Crônicas 7:13,14). O Senhor também deu graciosamente a eles uma forma de se corrigirem — *confissão e arrependimento*. O rei Acabe ouviu? Não. Talvez por ser o rei, ele pensasse que não teria de fazê-lo.

Aprendemos com esse relato que não é suficiente simplesmente entender a Palavra de Deus ou admirá-la. Deus falou. Precisamos segui-lo em obediência. —Poh Fang Chia

leia›

1 Reis 16:29-17:1

...Estude esse livro dia e noite e se esforce para viver de acordo com tudo o que está escrito nele. Se fizer isso, tudo lhe correrá bem, e você terá sucesso (Josué 1:8).

examine›

Leia o livro de 1 Samuel 15:1-11 para ver a reação de Deus à obediência parcial.

considere›

Você ignora o Senhor Deus e os Seus mandamentos? O que custará a você começar a seguir e obedecer à Sua Palavra?

aplicação pessoal›

escape

A impressão em negrito em um jornal local chamou minha atenção: "Aumento na taxa de suicídio em Singapura. Há duas vezes mais suicidas do sexo masculino do que do feminino." A reportagem continua: "De acordo com alguns psiquiatras, o crescente número de suicídios entre os homens não é incomum [...]. Quando se trata de lidar com seus problemas, os homens não procuram ajuda, e assim se forçam a uma espiral depressiva mais profunda."

Certa vez, Davi estava sob tremenda pressão enquanto sofria o ataque incansável de seus inimigos (Salmo 55:3-5,9-11). Mas não era um inimigo sem nome que lançava sobre ele um ataque crítico e prejudicial. Era a traição de alguém a quem descrevia como "...meu companheiro, meu colega e amigo íntimo!" (vv.12-14). A dor aguçava e o chocava enquanto experimentava todo peso da traição (vv.20,21; 41:9).

O rei buscava livramento de seu terrível drama. Seu instinto era buscar um escape. Queria fugir! "Bem depressa procuraria achar um lugar seguro para me esconder da ventania e da tempestade" (55:6-8). Alguns questionam se Davi contemplava a forma de escape final — o suicídio.

Ainda bem que escolheu um caminho diferente, pois o suicídio é uma solução permanente para um problema que muitas vezes é temporário. Ele buscou a ajuda de Deus, clamando: "Ouve a minha oração, ó Deus! Não deixes de atender o meu pedido. As minhas aflições me deixam desgastado" (vv.1,2).

Você se sente oprimido e deprimido pelas pressões e dores da vida? Gostaria de ter asas para voar a um lugar calmo de refúgio e descanso? (vv.6,7). É hora de orar e de voar para os braços amorosos de Deus, que o resgata e o mantém a salvo (vv.16-18). Ouça o conselho de Davi: "Entregue os seus problemas ao SENHOR, e ele o ajudará; ele nunca deixa que fracasse a pessoa que lhe obedece" (v.22). Fuja para os braços de Deus. — K. T. Sim

leia›

Salmo 55

Entregue os seus problemas ao SENHOR, e ele o ajudará; ele nunca deixa que fracasse a pessoa que lhe obedece (v.22).

examine›

Leia sobre a traição que Davi sofreu por parte de seu filho e de um amigo próximo (2 Samuel 15:1-12; 16:15-23). Como esse contexto o ajuda a entender a grande pressão e dor que ele enfrentou?

considere›

Quais as dores e pressões que você está passando? Como as verdades do Salmo 55 o ajudam a lidar com elas?

aplicação pessoal›

rebatedor 1000

O beisebol determina a média de rebatidas de um jogador dividindo o total de suas rebatidas válidas pelo número de vezes rebatidos. Se um jogador atinge a bola cada vez que rebater, será um rebatedor perfeito (ou rebatedor 1000). Até hoje, nenhum jogador conseguiu ser um rebatedor 1000 nem um seguidor de Cristo conseguiu ser perfeito. Ninguém entendia isso melhor do que o apóstolo Paulo.

No livro de Romanos 7 Paulo admite sua incapacidade em ser perfeito, e enfatiza que os cristãos irão se tornar perfeitos um dia, mas sempre lutarão contra o pecado, do lado de cá do céu. Nestes versículos, Paulo ensina aos romanos pelo menos três princípios importantes:

- Os cristãos podem e devem crescer continuamente em santificação por meio da poderosa habitação do Espírito Santo. Embora saibam que nunca serão rebatedores 1000, no sentido de viver vidas santas, não quer dizer que não devam tentar (v.6).
- Os cristãos irão lutar contra o pecado por toda a vida (Romanos 7:21; Gálatas 5:17). Nenhum seguidor de Cristo jamais foi e jamais será um rebatedor 1000.
- O livramento diário desta tensão constante é encontrado em Cristo morto e ressurreto, o Único que foi um rebatedor 1000 (Romanos 7:25; Hebreus 4:15).

Como seguidores de Cristo, devemos estar bem cientes do quanto estamos distantes da justiça absoluta de Deus, e de como é importante permitir ao Único que viveu uma vida perfeita a viver por meio de nós. Também devemos continuar a alimentar nossa fé, derramar a graça sobre as pessoas quando elas falham em atingir o objetivo, e recusar-se a nos desencorajarmos quando perdemos o propósito. Arrependa-se, receba perdão de Deus, esqueça o passado e prossiga. Você nunca será um rebatedor 1000, mas um Salvador perfeito anda com você. —Marvin Williams

leia>

Romanos 7:6-25

Assim eu sei que o que acontece comigo é isto: quando quero fazer o que é bom, só consigo fazer o que é mau (v.21).

examine>

Leia os livros de Mateus 26:69-75 e João 21:11-19 para ver como um homem que não rebate mil vezes foi tratado por Jesus.

considere>

De que forma você reage quando peca e se afasta dos padrões divinos de conduta? Como permitir que Cristo viva em você todos os dias?

aplicação pessoal>

renuncie ao controle

Quando conheci o menino ugandense que acabou se tornando meu filho, meu alvo era mantê-lo vivo. Após ele superar a desnutrição e se recuperar de uma longa lista de doenças, meus sonhos para a vida dele logo se tornaram maiores.

Por exemplo, a primeira vez que ele, aos 5 anos, adotou um cavalo como animal de estimação, eu o visualizei como o primeiro ugandense a ganhar uma medalha de ouro olímpica em esportes equestres. Desde então, eu o imagino sendo tudo, desde atleta profissional até líder mundial. Quero que tenha as experiências mais ricas, alcance sucesso acadêmico e profissional, seja muito amado, tenha uma vida de serviço, seja um marido e pai dedicado e ande com Jesus Cristo por todos os seus dias.

Após ouvir minhas expectativas para ele, uma de minhas amigas gentilmente me lembrou de que, em termos de carreira futura e tudo mais, eu precisarei respeitar os desejos e objetivos pessoais do meu filho mesmo que eles não coincidam com os meus. E, mais importante, preciso encorajá-lo a buscar a vontade de Deus para sua vida em vez de pressioná-lo a cumprir a minha (Provérbios 16:1).

Refletindo sobre os alertas que ela me deu, mergulhei nas Escrituras para entender melhor como posso alinhar meus objetivos para meu filho com os de Deus. Aqui estão algumas coisas que aprendi:

- Os pais podem fazer planos, mas Deus irá determinar os passos de seus filhos (v.9).
- O plano mais tolo de Deus é mais sábio do que o plano mais sábio que poderíamos intentar para nossos filhos (1 Coríntios 1:25).
- Os filhos são obras de arte *de Deus* — não nossas, e foram criados para Seu propósito (Provérbios 1:4; Efésios 2:10).

Consagremos nossos filhos e seus planos a Deus — sabendo que Ele é o Único que realmente pode ajudá-los a serem bem-sucedidos (Provérbios 16:3). —Roxanne Robbins

leia>

Provérbios 16:1-9

A pessoa faz os seus planos, mas quem dirige a sua vida é Deus, o SENHOR (v.9).

examine>

O que o livro de Deuteronômio 6:5-9 revela sobre instruir as crianças nas verdades de Deus?

considere>

Você precisa mudar sua visão de planejamento sob a perspectiva da sabedoria divina? Como você vai ajudar seus filhos a traçarem planos que o honrem?

aplicação pessoal>

toque

Kelly tinha se aventurado para fora de seu país somente uma vez em seus 18 anos. Quando teve chance de ir ao Quênia para ajudar em uma missão médica, ficou entusiasmada — e um pouco apreensiva. Afinal, não tinha nenhuma experiência médica.

Enquanto oferecia cuidado médico básico em uma vila remota, conheceu uma mulher com elefantíase. Essa doença parasitária é horrível, mas tratável. Ela causa um inchaço grotesco nos membros inferiores. A maneira de preveni-la é simplesmente usar calçados. Mas na África assolada pela pobreza, muitos aldeões têm pouco ou nenhum acesso a essa necessidade tão básica.

Kelly sentiu repulsa pelas pernas distorcidas da mulher, mas limpou-as e as enfaixou. A mulher começou a chorar. Surpresa, a jovem perguntou a ela se a estava machucando. "Não", respondeu, "é a primeira vez em nove anos que alguém toca em minha perna."

A lepra é outra doença que torna suas vítimas repulsivas às outras pessoas. Na cultura judaica antiga, havia instruções rígidas para prevenir sua disseminação. "...precisará morar sozinha, fora do acampamento", diz a lei levítica (Levítico 13:45,46). Os acometidos pela doença deviam anunciar em voz alta "imundo!", de longe, para prevenir que as pessoas se aproximassem delas.

Por isso é tão marcante que um leproso tivesse tido coragem, de aproxima-se de Jesus e dito: "Senhor, eu sei que o senhor pode me curar se quiser" (Mateus 8:2). Jesus fez o impensável. Ele "estendeu a mão e tocou-lhe", diz o relato do Novo Testamento."Sim, eu quero." Disse o Senhor. "Você está curado" (v.3).

Ao tocar as pernas doentes daquela mulher solitária, Kelly imitou o amor de Jesus que não teme e que quebra tabus. Foi um pequeno toque, mas fez diferença. Que diferença você fará hoje? —Tim Gustafson

leia>

Mateus 8:1-4

Jesus estendeu a mão, tocou nele... (v.3).

examine>

Para entender melhor as complexas leis judaicas sobre a lepra e outras doenças de pele, leia o texto do livro de Levítico 13:1-46.

considere>

Você tem receio de tocar em alguém? Por quê? O que precisa mudar para você tornar-se mais semelhante a Jesus?

aplicação pessoal>

deixe avançar

O momento realmente eletrizante no esporte são os últimos metros numa corrida de cavalos, quando é dito "entraram na reta final!". Os espectadores não estão muito interessados no começo da corrida, quando os cavalos estão manobrando pelas posições e conservando energia para a reta final. Mas seu grito fica ensurdecedor quando os animais viram a última curva e disparam em um forte galope até a linha de chegada.

Paulo tinha uma corrida em mente quando pediu aos tessalonicenses para que orassem a fim de que a Palavra do Senhor se propagasse (2 Tessalonicenses 3:1). O termo grego usado para "propagar" é *trecho*, que significa correr a toda velocidade. Assim como os espectadores se levantam e gritam: "Vai, vai, vai!", da mesma forma o apóstolo nos manda torcer pela propagação do evangelho em nossas vidas e por todo o mundo.

Permitimos que o evangelho se *propague* em nossa vida quando recebemos humildemente o perdão de nosso pecado e então perdoamos aqueles que pecaram contra nós. O evangelho vem à luz por meio de nós ao celebrarmos o amor do nosso Pai e o propagarmos aos mais humildes. Resumindo, possibilitamos que o evangelho avance quando confessamos com alegria que Jesus Cristo é Senhor e praticamos esta realidade diariamente.

Permitimos a propagação do evangelho quando seguimos as instruções de Paulo para orar por seu progresso. Não podemos forçar os outros a se submeterem ao senhorio de Jesus, mas podemos pedir a Deus que abra seus olhos para que vejam "...a luz que vem da boa notícia a respeito da glória de Cristo..." (2 Coríntios 4:4). Podemos pedir a nosso Pai que traga Seu reino em breve, para que se faça a Sua vontade, assim na terra como no céu (Mateus 6:10).

Ainda mais triste do que um puro-sangue estrangulado é o evangelho deixar de avançar. Possibilite seu avanço. —Mike Wittmer

leia>

2 Tessalonicenses 3:1-18

...orem por nós para que a mensagem do Senhor continue a se espalhar rapidamente e seja bem aceita, como aconteceu entre vocês (v.1).

examine>

Leia a carta de Paulo a Filemom para ver de que maneira, por sua prática e orações, Filemon deixou o evangelho avançar.

considere>

Que atitudes o impedem de viver o evangelho?
O que você precisa fazer, com ajuda de Deus, para permitir a ação de Jesus em sua vida?

aplicação pessoal>

tesouro

Há muitos anos, encontrei meu filho Sérgio sentado em nossa confortável cadeira cáqui com um livro de teologia em mãos. Ele o segurava à sua frente, olhando as páginas. Não estava distraído. Estava sério, lendo. Veja bem, ele tinha 2 anos.

Não consigo imaginar o que Sérgio achava que estava "lendo". Ele murmurou algo sobre uma "história assustadora". O volume que ele segurava falava sobre ver Jesus no mundo atual. Mas ele não conseguia vê-lo nos capítulos. Não sabia pelo que procurar.

É bom aprofundar-se diligentemente nas Escrituras, mas é ainda mais importante lembrar-se do que você está procurando na Palavra de Deus. Nós não procuramos inicialmente por um fato, ideologia ou doutrina. Buscamos a *Jesus* — Aquele a quem o evangelista, George Whitefield, chamou de "tesouro escondido no campo". Jesus é o tesouro.

Certa vez Jesus confrontou um grupo de religiosos hipócritas que se gabava de seu conhecimento de Deus, mesmo que nunca "tivessem ouvido a Sua voz" e se vangloriava do quanto sabiam das Escrituras, mas ainda assim não tinham "a sua palavra permanente" em seus corações (João 5:37,38 ARA).

Estes líderes religiosos conheciam as palavras das Escrituras, mas não sabiam nada da Palavra viva nas Escrituras. Viravam as páginas, mas perderam o tesouro. "Vocês estudam as Escrituras Sagradas porque pensam que vão encontrar nelas a vida eterna...", disse Jesus, "...E são elas mesmas que dão testemunho a meu favor" (v.39).

Muitas vezes, leio a Bíblia à procura de uma resposta. Se não encontro *exatamente* o que esperava que me dissesse, posso ficar frustrado porque ela não se encaixa em meu ponto de vista. Mas se Jesus é o tesouro, as Escrituras não se preocupam principalmente em me dar o que insisto que preciso. Seu objetivo principal é me levar ao verdadeiro tesouro... a *Jesus*. —Winn Collier

leia›

João 5:31-47

Mas vocês não querem vir para mim a fim de ter vida (v.40).

examine›

Pense nas suas passagens bíblicas preferidas. Como estas histórias e ensinamentos o ligam a Jesus? De que maneira, você usa a Bíblia para procurar respostas mais do que um meio para conhecer Jesus?

considere›

O que precisa mudar em sua busca para ver o Senhor como o seu verdadeiro tesouro?

aplicação pessoal›

paixão por pessoas

Uma mulher de 70 anos se tornou celebridade na China devido ao seu grande esforço em ajudar a polícia de trânsito. Carinhosamente chamada vovó Cai, ela arriscou a vida diariamente para assegurar-se que motoristas e pedestres obedecessem às regras de trânsito na movimentada rua próxima à sua casa. Ela disse: "Estou perto do fim da vida e quero fazer algo de útil pelas pessoas". É admirável essa paixão por manter as pessoas seguras!

O profeta Jeremias também tinha paixão por pessoas. Fielmente advertia e incentivava o povo de Deus em Judá, mesmo quando os babilônios esmagavam o reino (Jeremias 3:8-10). O reino do Norte, Israel, tinha sido destruído e Judá estava caindo devido à sua desobediência a Deus e Seus mandamentos.

Jeremias também revelou o propósito de Deus por Seu povo. O Senhor queria que eles voltassem (v.12), e prometeu que um dia lhes daria pastores segundo o Seu coração para guiá-los (v.15). Deus disse: "...Pensei que você ia me chamar de pai e que nunca mais me abandonaria" (v.19). De forma intensa, Deus apelou para que Seu povo se arrependesse de seus pecados e recebesse Seu perdão.

Ao compartilhar sobre o propósito de Deus, o profeta se assemelhava a Jesus, talvez mais do que qualquer outra pessoa na Bíblia. Entre as semelhanças, ambos tinham uma mensagem para o povo de Deus e para o mundo. Ambos tinham ciência de seu chamado pelo Senhor. Ambos foram acusados de traição política. Ambos condenaram os sacerdotes em seus dias. Foram tentados, perseguidos, aprisionados. Ambos choraram sobre Jerusalém (9:1; Lucas 19:41). Ambos amavam profundamente Israel e seu povo.

Como seguidores de Jesus, você e eu somos chamados a amar pessoas. Vamos refletir o "próprio coração" de Deus ao compartilharmos "o conhecimento e o entendimento" de Seu grande amor por elas. —Tom Felten

leia>

Jeremias 3:11-22

Eu darei a vocês líderes que me obedeçam, e eles governarão com sabedoria e inteligência (v.15).

examine>

Leia o livro de Oseias 14:4 para ter outro ponto de vista sobre o propósito de Deus para Seu povo.

considere>

O que o impede de ter uma paixão verdadeira por pessoas? De que maneira, você refletirá o amor de Deus aos outros hoje?

aplicação pessoal>

rude e racista?

Às vezes, Jesus poderia parecer rude, pois chamou os fariseus de "sepulcros caiados" (bonito por fora, desprezível por dentro); Herodes de "raposa"; e Pedro de "Satanás" (Mateus 23:27; Lucas 13:32; Marcos 8:33). Sim, Jesus podia ser franco — mas *rude e racista*? Alguns acham que a história de hoje prova isso.

O Senhor estava se escondendo em uma casa na região de Tiro e Sidon, tentando escapar das multidões (Marcos 7:24), quando uma mulher cananita forçou sua passagem e implorou a Ele que curasse sua filha possessa por um demônio. Como Jesus reagiu? Com *silêncio*. Ele a estava ignorando ou pensando sobre Suas opções?

Quando Jesus a responde, não lhe dá muita esperança. Seu chamado é primeiramente para os judeus, não para pagãos como ela (Mateus 15:24). Sem se perturbar, a mulher se ajoelha diante dele e implora ainda mais (v.25). Então, Jesus diz as palavras perturbadoras: "...Não está certo tirar o pão dos filhos e jogá-lo para os cachorros" (v.26).

Não podemos evitar: estas palavras soam como injúria racial. Seriam os gentios comparados aos "cachorros"? Ai!

Porém, nós perdemos Sua piscadela? Jesus, muito provavelmente, estava usando o tipo de linguagem que um gentio poderia esperar de um judeu. Estava testando a mulher, para ver como ela reagiria. E ela não perdeu a oportunidade, dizendo: "Sim, senhor,[...] mas até mesmo os cachorrinhos comem as migalhas que caem debaixo da mesa dos seus donos" (v.27). Sua fé foi aprovada e Jesus concedeu-lhe o seu pedido (vv.28,29). Talvez Ele até tenha rido de sua resposta, como sugere o autor Elton Trueblood.

Jesus *não* era intolerante ou racista. Ele aceitava prostitutas e cobradores de impostos (Mateus 9:10); curou e elogiou não-judeus (8:5-10; Lucas 17:11-19). No entanto, Ele prova nossa fé. Como Ele o está provando hoje? —Sheridan Voysey

leia>

Mateus 15:21-28

Jesus disse: —Não está certo tirar o pão dos filhos e jogá-lo para os cachorros (v.26).

examine>

Leia os livros de Marcos 7:31-35 e Lucas 7:1-10 para ver como Jesus tratou os não-judeus de Seu tempo.

considere>

O que esta história lhe diz sobre a personalidade de Jesus? De que maneira Jesus prova a nossa fé hoje?

aplicação pessoal>

sempre verdadeiro

Passando por mim com um volume perceptível dentro da camisa, meu filho mostrou indiferença ao cruzar a sala. Sem perceber o quanto era óbvio, abaixou a cabeça e puxou uma tesoura quando lhe perguntei o que estava escondendo. Pelo fato de ter começado a "refazer" coisas em seu quarto, nós o proibimos de usar tesouras sem supervisão. Enquanto segurava o riso por causa de sua crença em minha ingenuidade, eu o disciplinei por sua desobediência e engano.

Talvez Ananias e Safira quisessem ser bem vistos pelos outros (Atos 4:32). Talvez pensassem que sua contribuição parcial não seria vista por Deus. No fim das contas, suas motivações não importam. A lição da história não é que Deus queria todo o dinheiro deles. Ele queria *todo o coração deles* (v.4).

Sobrecarregados por motivos diversos, tentamos justificar nossas escolhas pecaminosas disfarçando-as com boas intenções. Reações evasivas ou respostas "certas" sem significado algum não impedem que Deus veja a verdade (Isaías 29:13-15). Estamos somente enganando a nós mesmos, porque Ele não é enganado.

O engano, normalmente baseado em autopreservação, existe deste o Jardim do Éden. Mesmo os grandes homens de fé aprenderam da forma mais difícil sobre as consequências dessa tentação comum. Apresentando Sara como sua irmã (não como esposa), Abraão viveu alegando meias-verdades por muitos anos (Gênesis 20:13). Ele queria deixar para trás tudo o que era familiar a fim de seguir a liderança de Deus — tudo menos o poder para enganar. É interessante que só depois de Abraão finalmente decidir ser verdadeiro é que Deus cumpriu Sua promessa a ele (Gênesis 20:17 – 21:2).

Deus quer nos dar bons presentes, sendo que o melhor é a intimidade com Ele. Mas eles só virão quando dispostos a viver em verdade.
—Regina Franklin

leia>

Atos 4:36-5:11

Antes de você vendê-lo, ele era seu; e, depois de vender, o dinheiro também era seu. Então por que resolveu fazer isso? Você não mentiu para seres humanos — mentiu para Deus (5:4).

examine>

Leia o livro de Provérbios 26:23-38 e veja as consequências destrutivas da desonestidade.

considere>

Você luta para ser honesto consigo ou com os outros? De que forma suas escolhas para enganar são arraigadas em autopreservação?

aplicação pessoal>

nos bastidores

Uma das coisas que aprecio no livro de Ester, no Antigo Testamento, é o fato de o nome de Deus não ser mencionado — nem uma única vez. Não me entenda mal. Não estou perdendo a fé em Deus! Para mim, a omissão que o livro faz do nome do Senhor é um grande lembrete de que mesmo que pareça estar ausente, Deus ainda está presente, trabalhando silenciosamente nos bastidores.

Este livro é lido como se fosse um romance. Ele conta sobre a dramática história de uma linda garota judia que emerge da obscuridade para se tornar rainha do Império Persa (Ester 2). A jovem, que ocultou sua ascendência, acaba por usar sua posição real para virar a mesa em um plano para aniquilar seu povo.

Hamã, um dos maiores oficiais do rei Assuero, detestava o povo judeu. Ficou furioso porque Mordecai, outro oficial real que por acaso era judeu, se recusou a prestar-lhe honra (3:1-6). Apelando ao orgulho do rei Assuero, Hamã enganou-o, fazendo-o assinar um decreto exigindo à execução de todos os judeus (vv.8-13). Mas o tiro saiu pela culatra. A intervenção corajosa de Ester (c. 4;5) e a noite insone do rei (cap. 6) levaram Hamã a ter que liderar uma parada real em *honra* a Mordecai. Pouco tempo depois, o humilhado Hamã foi enforcado na forca que construíra para a execução de Mordecai (c. 6; 7).

Esses acontecimentos não foram acaso. O rei Assuero não teve uma simples insônia. Não descobriu por acaso que Mordecai nunca havia sido recompensado por expor um plano de assassinato (2:21-23;6:1-3). Acontecimentos como estes vieram à tona porque Deus estava *trabalhando neles.*

Deus não trabalha sempre de forma óbvia como nas dez pragas ou na divisão do mar Vermelho. Mas, quer percebamos ou não, Ele está sempre envolvido e trabalhando em nossa vida. —Jeff Olson

leia>

Ester 4:1-16

...Talvez você tenha sido feita rainha justamente para ajudar numa situação como esta! (v.14)

examine>

A festa judaica do Purim é um evento anual para comemorar o livramento de Deus do plano da Hamã. Leia o livro de Colossenses 2:16,17 para ver o real propósito para as festas e celebrações judaicas.

considere>

Deus tem trabalhado "nos bastidores" em sua vida ultimamente? De que maneira, você se inspira pela história de Ester?

aplicação pessoal>

morrer para viver

"Como está seu pai?", um colega me perguntou. "Lutando para morrer", respondi. Meu pai, com 84 anos, vinha enfrentando os dolorosos e debilitantes efeitos do câncer de fígado havia dois anos. Os médicos disseram à minha família e a mim que nos preparássemos para sua morte inevitável. Assim, enquanto ele estava deitado naquela cama de hospital, eu sentia sua dor. Com a voz enfraquecida, ele disse: "Meu tempo está quase no fim". Meu pai não lutava para viver, mas esperava pela morte.

Encontro consolo no que Paulo disse no livro de Romanos 8: "...o que sofremos durante a nossa vida não pode ser comparado, de modo nenhum, com a glória que nos será revelada no futuro. O Universo todo espera com muita impaciência o momento em que Deus vai revelar o que os seus filhos realmente são" (vv.18,19).

Meu pai pode estar impotente diante de algumas células traiçoeiras que atacaram seu corpo. Mas com certeza não está sem esperança. Meu pai é filho de Deus (vv.15-17). Ele confiou naquele que é digno de confiança (2 Timóteo 1:12). Sabe que finalmente está indo ao lar para estar com Jesus (2 Coríntios 5:8).

Sim, "nós, que temos o Espírito Santo como o primeiro presente que recebemos de Deus, nós também gememos dentro de nós mesmos enquanto esperamos que Deus faça com que sejamos seus filhos e nos liberte completamente" (Romanos 8:23).

Deus "predestinou [meu pai] para ser conforme a imagem de seu Filho [...] e [o] chamou e também justificou [...] e [o] glorificou" (vv.29,30 ARA). Meu pai tem câncer. Porém o câncer não tem meu pai. Deus o tem agora. E esta é a glória que meu pai antevia.

Ele não lutou para morrer. Meu pai estava morrendo para viver com Deus para sempre! —K. T. Sim

leia>

Romanos 8:15-30

Gememos aflitos enquanto vivemos nesta barraca, que é o nosso corpo. Isso não é porque queiramos ficar livres do nosso corpo terreno; o que desejamos é receber o corpo celestial para que a vida faça com que o que é mortal desapareça (2 Coríntios 5:4)

examine>

Que esperança e consolo o livro de 2 Coríntios 5:1-10 dá àqueles que são filhos de Deus?

considere>

Leia o livro de Romanos 8:15-30 novamente. Que certezas Deus dá àqueles que estão sofrendo?

aplicação pessoal>

quem é você?

Um ex-presidente africano conhecido por seu grande ego. Foi a uma conferência africana com a indumentária de combate dirigindo pela cidade enquanto seus guarda-costas corriam ao lado do seu carro. Foi acusado de ser contrabandista de armas e diamantes, e sem nenhuma vergonha, dirigiu-se a seu povo vestido em branco angelical. Suas atrocidades finalmente o alcançaram e ele foi a julgamento em Haia por crimes contra a humanidade. Sozinho, separado de seus companheiros, e sem dinheiro; um trapo, ele agora confronta a questão da sua identidade. Quem ele é realmente?

Muitos de nós conhecemos a sensação. Desde o momento que nascemos, desenvolvemos lentamente relacionamentos, posse e habilidades que formam nossa identidade. Somos filhos e irmãos de alguém, e com o tempo nos tornamos amigos, cônjuges, pais e empregados de alguém. Mas então somos demitidos ou perdemos alguma pessoa amada que morreu ou de que nos divorciamos e não temos mais certeza de quem somos.

Essas perdas trágicas são um prelúdio para o maior acontecimento. Um dia morreremos e teremos que comparecer perante o tribunal de Cristo (2 Coríntios 5:10). Despidos de tudo o que formou nossa identidade, a questão do momento será: "Quem é você?".

A única resposta correta, como declara o *Catecismo de Heidelberg*, é que "Não me pertenço, mas pertenço — corpo e alma, na vida e na morte — ao meu fiel Salvador Jesus Cristo." O único relacionamento de que a morte não aparta é o mais importante. Paulo exclamou que "Quem está unido com Cristo é uma nova pessoa..." (2 Coríntios 5:17), e nós que estamos unidos "com Cristo" recebemos "...todos os dons espirituais do mundo celestial" (Efésios 1:3).

Quando Jesus perguntar quem você é, responda que você se encontra nele. —Mike Wittmer

leia›

Jó 1:1-22

Aí disse assim: —Nasci nu, sem nada, e sem nada vou morrer. O SENHOR deu, o SENHOR tirou; louvado seja o seu nome! (v.21).

examine›

Leia o livro de Filipenses 3:7-11 para entender como Paulo encontrou sua identidade em Jesus. O que significa encontrar sua identidade em Jesus?

considere›

Como sua identidade em Jesus pode firmá-lo quando o mundo ao seu redor é revirado pelo desemprego, divórcio e morte?

aplicação pessoal›

aprofunde-se

Determinada a cultivar uma horta, levei minha pá a um canto ensolarado e a encravei no solo. O chão estava duro como cimento, mas continuei escavando. Por fim, um pedaço grande de grama se soltou. Sequei minha testa com as costas da mão. Era recompensador estar finalmente "cavando" — indo além da superfície.

Para "escavar" a Bíblia precisamos passar tempo com ela. A leitura rápida é inimiga da compreensão profunda. Quando Esdras leu o livro da Lei para os israelitas, ele começou de manhã cedo e continuou até a noite para dar às pessoas tempo suficiente para absorver as verdades de Deus (Neemias 8:3). Nós também precisamos dos princípios que estão escondidos na Bíblia.

Ao reservarmos um tempo para a leitura, precisamos dar atenção total à Palavra. Quando Esdras começou a ler "...todos ouviram com atenção" (v.3). Assim como eles, nós precisamos nos concentrar no conteúdo bíblico. *Desligue a TV e o celular! Remova os fones de ouvido!* Está certo nos desconectarmos do mundo para nos conectarmos com Deus.

Ligar-se ao Senhor pelas páginas da Bíblia nos faz compreender o seu conteúdo. Depois da leitura de Esdras, os levitas deram explicações claras para que os israelitas entendessem (v.8). Hoje, podemos consultar comentários e notas bíblicas, ou visitar líderes da igreja para captarmos o que a Palavra de Deus diz para aplicá-las às nossas vidas.

Se você está se aproximando das Escrituras superficialmente por hábito ou obrigação, aqui vai um desafio. Defina um período de tempo ininterrupto com a Palavra viva de Deus (Hebreus 4:12). Lute para compreendê-la — aprofunde-se! Assim como os israelitas, você pode chorar quando as palavras tocarem sua alma (Neemias 8:8,9). Mas também pode alegrar-se muito (v.12) quando começar a ler e a compreender. —Jennifer Benson Schuldt

leia>

Neemias 8:1-12

Então todos foram para casa, e comeram, e beberam alegremente. E o que eles tinham repartiram com os outros porque entenderam o que havia sido lido para eles (v.12).

examine>

Leia o livro de 2 Timóteo 3:14-17 para aprender o que acontece quando nos aprofundamos na Palavra de Deus. E Tiago 1:21-25 para ver a importância de aplicarmos a Palavra de Deus à nossa vida.

considere>

Por que às vezes lemos a Bíblia, mas falhamos em nos aprofundar nela? O que você fará para se aprofundar na Palavra de Deus esta semana?

aplicação pessoal>

cada pardal

Minha mãe, tão digna e decente em toda sua vida, está agora acamada — devido à sua idade avançada. Agitada por pequenos derrames e lutando para respirar, sua condição terminal contrasta com o lindo dia de primavera que dança tentadoramente no outro lado da janela.

Essa cena já passou várias vezes em minha mente. Mesmo assim, toda a preparação emocional do mundo não nos deixa prontos para a dura realidade do "adeus". *A morte é tão indigna*, pensei. Preocupado com o fato de que minha presença estivesse incomodando o apurado senso de privacidade dela, desviei os olhos para o canteiro de alimentação dos pássaros no lado de fora da janela. O comedor simboliza a liberdade e a dependência que ressoavam em meu espírito.

Nesse momento, um pássaro voa para pegar uma semente. Instantaneamente, uma frase familiar veio à minha memória: "...Porém nenhum [passarinho] cai no chão se o Pai de vocês não deixar que isso aconteça" (Mateus 10:29). Nosso Senhor disse isso enquanto dava ordens de partida para Seus discípulos para uma missão pela Judeia, mas o princípio que deixou com relação aos pardais é universal: "...vocês valem mais do que muitos passarinhos" (v.31).

De volta ao quarto no lar de repouso, minha mãe agitou-se. "Mamãe morreu", ela anunciou, voltando à linguagem de sua infância para falar da própria mãe, que há muito tempo partira. "Sim", concordou minha esposa. Confusa, minha mãe continuou. "E a Joyce e o Tiago?", perguntando sobre sua irmã e irmão. "Sim, eles também se foram", disse minha esposa. "Mas, logo estaremos com eles!"

"É difícil esperar", mamãe disse baixinho. —Tim Gustafson

leia>

Mateus 10:28-33

O SENHOR Deus sente pesar quando vê morrerem os que são fiéis a ele (Salmo 116:15).

examine>

O livro de Gênesis 1:27 nos diz que Deus criou o homem à Sua imagem. Isso traz dignidade à morte?

considere>

O que Deus revela no Salmo 116:15? De que maneira é possível enxergar a morte através dos olhos do Senhor?

aplicação pessoal>

vem a seguir...

Alguém próximo a mim (e aos meus amados) tomou más decisões que afetaram a todos nós e o que veio a seguir não foi legal. Dor, pesar, sofrimento. Estas palavras capturam a essência do aguilhão que é trazido por escolhas ruins.

Você já passou por isso. Todos nós passamos. Relacionamentos quebrados ou estremecidos podem cercar nossos dias de emoções perturbadoras.

Felizmente, Jesus nos dá palavras de instrução que podem nos ajudar a lidar com esse assunto delicado. Vamos passo a passo enquanto Ele nos leva da mágoa à esperança e cura:

1. *Os cristãos serão tentados e pecarão contra nós* (Lucas 17:1). Embora isso nunca seja prazeroso ou desejável, nossos amigos e familiares pecarão e falharão conosco.

2. *Devemos confrontar em amor a pessoa que pecou contra nós* (v.3). Ignorar a ofensa e o remoer em ira para devolver os ataques à pessoa com nossa artilharia não é um ato de amor. Devemos demonstrar o amor radical de Jesus enquanto tratamos a ofensa e o ofensor.

3. *Se a pessoa se arrepender genuinamente, devemos perdoá-la* (vv.3,4). O perdão verdadeiro só pode ser estendido se a pessoa que pecou contra nós se arrepender. Em seu livro *Jesus e os Evangelhos*, o teólogo Craig Blomber escreve que isso significa que os indivíduos devem "mudar de comportamento, ao invés de simplesmente desculpar-se". Esse é o verdadeiro arrependimento.

O que deveríamos fazer quando a pessoa que pecou contra nós, recusa-se ao arrependimento? Jesus nos dá uma única palavra para considerarmos: *obediência* (v.10). Enquanto continuamos a lidar com nossos ofensores, podemos entregar a pessoa a Deus e simplesmente obedecer e seguir Sua Palavra.

Não podemos impedir alguém de fazer escolhas mesquinhas e tolas, mas podemos fazer escolhas santas no que vem a seguir. —Tom Felten

leia›

Lucas 17:1-10

...Se o seu irmão pecar, repreenda-o; se ele se arrepender, perdoe (v.3).

examine›

Leia o livro de Mateus 18:15-22 para saber mais sobre como confrontar um cristão que pecou contra você.

considere›

Como você reagiu com um cristão que pecou contra você? O que você fará para seguir Jesus e Suas instruções em relação a esse relacionamento quebrado?

aplicação pessoal›

o que você vê?

Ao olhar pela janela você pode ver vidro e moldura ou pode olhar *através* dela e ver as montanhas. A passagem de hoje é parecida com isso. Uma leitura superficial perderá a beleza de tudo o que devemos entender.

À primeira vista, podemos só ver outra história de cura feita por Jesus — embora não convencional. Cristo aproxima-se de um cego e cospe em seus olhos na tentativa de curá-lo (Marcos 8:22-26). "...Você está vendo alguma coisa?", perguntou em seguida. "...Vejo pessoas; elas parecem árvores, mas estão andando", responde o homem. Uma segunda ação completa a cura e seus olhos são abertos.

Mas o que vemos nesta história? Ampliemos nossa visão. O evangelho de Marcos apresenta os discípulos de Jesus tendo curta visão espiritual, pois eles não entenderam os dois milagres da multiplicação (6:52; 8:19-21), o que fez Jesus dizer-lhes em frustração: "Vocês têm olhos e não enxergam?..." (8:18). Eles não haviam captado o que esses milagres revelavam sobre *Ele*.

Agora perceba o que vem a seguir na história da cura do cego (vv.27-29). A comunidade também não vê quem Jesus é. Pensavam que era um profeta que retornara. Mas quando Pedro faz aquela afirmação monumental: "...O senhor é o Messias!..." (v.29), a identidade de Jesus é finalmente revelada.

Isso, diz o especialista bíblico Ben Witherington, é o que os dois estágios da cura do cego querem dizer. Isso representava a cegueira inicial dos discípulos para com o Mestre, sua visão parcial sobre Ele, e, por fim, sua total compreensão.

Que parábola de fé moderna! Nós também começamos cegos quanto a Jesus, ganhamos visão parcial (provavelmente quando o reconhecemos como "profeta"), em seguida, finalmente o vemos pelo que realmente Ele é — o Messias, o Cristo, o Filho do Deus vivo, e o Único a quem devemos nossas vidas. —Sheridan Voysey

leia>

Marcos 8:22-30

Jesus pôs outra vez as mãos sobre os olhos dele. Dessa vez o cego olhou firme e ficou curado; aí começou a ver tudo muito bem (v.25).

examine>

Leia o restante do capítulo de Marcos 8 para ver que a visão que Pedro tinha de Jesus *ainda* precisava de aperfeiçoamento, mesmo depois de sua revelação.

considere>

Como esta história se encaixa no desenvolvimento de sua compreensão sobre quem é Jesus? O que ela pode nos dizer sobre como as pessoas o conhecem hoje?

aplicação pessoal>

masculino e feminino

Jogos de estratégia nunca foram meus preferidos. Lembro-me de quando meu marido me ensinou a jogar *Risk*. Sou melancólica e fiquei arrasada, pois tinha poucos soldados para a minha conquista. Ao contrário de mim, meu marido tinha um contingente enorme em seu exército — varrendo-me para fora do tabuleiro em sua campanha para conquistar cada continente. Fico feliz em jogar *Scrabble* (palavras cruzadas); deixo para meu marido a alegria da dominação mundial.

Satanás e seu exército trabalham duro para enfraquecer o guerreiro que há no coração dos homens — promovendo mentiras de que eles devem ser como as mulheres, ou aprisionando-os com a pornografia. Incertos do que é a verdadeira força, muitos inconscientemente sucumbem à falsa ideia de que bancar o guerreiro conquistador em um videogame é a maior prova da hombridade.

Nada pode estar mais distante da verdade.

Embora a mulher aprecie quando o homem entende o que ela precisa, a maior vocação masculina não está na compreensão de como fazer uma mulher feliz. O maior objetivo para eles é dar sua vida sem reservas para a glória de Deus (Salmo 86:12; Romanos 6:13). Embora Jesus seja compassivo, misericordioso e gentil, precisamos lembrar de que Ele é a epítome de um guerreiro (v.13). Deus não criou o homem para estar cativo a seus apetites sexuais ou à sua passividade. Nem para agir conforme o sexo oposto. Em cada momento aparentemente comum, a batalha entre a luz e as trevas se agrava. Os homens foram criados para lutar pelo que é certo.

Para que o Corpo de Cristo funcione como Deus planejou, a igreja deve:

- Perceber que Deus deu uma vocação única aos homens.
- Desafiá-los a liderar fortemente enquanto vivem abnegadamente.
- Ensiná-los que a verdadeira força é encontrada na rendição a Deus. —Regina Franklin

leia>

Isaías 42:1-13

O SENHOR se prepara para a guerra e sai pronto para lutar, como um soldado valente. Com toda a força, ele solta o grito de batalha e com o seu poder derrota os seus inimigos (v.13).

examine>

Leia o livro de Apocalipse 19:11-16 para ver a ligação entre Cristo, nosso sacrifício perfeito, e aquele que é o nosso Rei conquistador.

considere>

As famílias compreendem bem o sentido de "hombridade"? A igreja pode incutir nos homens o entendimento do chamado estratégico de Deus para eles?

aplicação pessoal>

salgado

Em seu livro *Transformando Crianças em Campeões* (*Naós*, 2005), George Barna revela uma estatística interessante: as crianças são oito vezes mais propensas a aceitar Jesus como seu Salvador do que adolescentes e adultos.

A pesquisa de Barna é importante. Além da implicação prática da necessidade de apresentar as verdades de Deus aos jovens, ela fez-me pensar se não deveríamos retroceder e considerar *porque* há uma queda significativa na porcentagem de adolescentes e adultos crendo em Cristo. Obviamente, o fato de não terem mentes tão abertas quanto as criança é grande parte da razão. Mesmo assim, pondero se a queda não é em parte por causa de mal-entendidos sobre o que significa ser o "sal da terra" (Mateus 5:13).

O sal tem muitas utilidades. Mas o que Jesus tinha em mente? O círculo cristão em que cresci interpretava o sal como conservante. A partir disso, ensinaram-me que nosso papel é conservar a moralidade em nossa cultura. Porém, se ouvirmos as palavras do próprio Jesus, é fácil ver que Ele quis dizer algo completamente diferente — "...se o sal perde o gosto, deixa de ser sal e não serve para mais nada..." (v.13).

Ser sal, como Jesus pretendia, é acrescentar sabor. Tem a ver com aumentar o gosto, deixando com gosto de "quero mais". Deus pode chamar alguns de nós para falar contra a imoralidade em termos da ameaça que esta causa. Mas, pergunto-me: quantos de nós reprovamos a depravação de nosso mundo a ponto de apresentar o que a vida com Jesus tem a oferecer em seu lugar?

Jesus, liberta-nos para oferecermos uma amostra saborosa de Tua vida real, que deixará adolescentes e adultos querendo mais de tudo o que se encontra em ti. —Jeff Olson

leia>

Mateus 5:13-16

Vocês são o sal para a humanidade; mas, se o sal perde o gosto, deixa de ser sal e não serve para mais nada. É jogado fora e pisado pelas pessoas que passam (v.13).

examine>

Como Jesus descreveu a vida encontrada nele no livro de João 10:10?

considere>

De que maneiras tangíveis você pode viver uma vida com "sal"? Como você vai dar sabor aos seus relacionamentos com a realidade de Deus hoje?

aplicação pessoal>

notas>

notas>

notas>

notas>

notas>